上海市中职学校创新创业通识课程教材

创业成就梦想

主编 · 李小华

BUSINESS START YOU

中国劳动社会保障出版社

简介

本书为上海市中职学校创新创业通识课程教材。教材采用了任务引领的编写模式，汇集了大量中职学生创业的真实事例，以生动活泼的对话方式引导学生学习创业的知识，以动手操作的方式训练创业技能。通过创业启蒙、创业准备、创业行动、创业支持四个项目，由浅入深，由易到难，从培养中职学生的创业意识到教会学生创业起步，是一本非常适合中职学生创业入门的读本。

图书在版编目（CIP）数据

创业成就梦想 / 李小华主编. —北京：中国劳动社会保障出版社，2017
上海市中职学校创新创业通识课程教材
ISBN 978-7-5167-2985-4

Ⅰ.①创… Ⅱ.①李… Ⅲ.①中等专业学校-学生-职业选择-指南 Ⅳ.①G718.3-62

中国版本图书馆 CIP 数据核字（2017）第 128407 号

中国劳动社会保障出版社出版发行

（北京市惠新东街 1 号　邮政编码：100029）

＊

三河市潮河印业有限公司印刷装订　　新华书店经销

787 毫米 × 1092 毫米　16 开本　12.75 印张　235 千字
2017 年 6 月第 1 版　　2017 年 6 月第 1 次印刷

定价：32.00 元

读者服务部电话：（010）64929211/64921644/84626437
营销部电话：（010）64961894
出版社网址：http：//www.class.com.cn
http：//zyjy.class.com.cn

版权专有　　侵权必究

如有印装差错，请与本社联系调换：（010）50948191
我社将与版权执法机关配合，大力打击盗印、销售和使用盗版图书活动，敬请广大读者协助举报，经查实将给予举报者奖励。
举报电话：（010）64954652

编写人员名单

主　　编　李小华（上海市商贸旅游学校）

副 主 编　王　翎（上海市商贸旅游学校）

　　　　　王　波（上海市创业就业促进中心）

　　　　　姚成伟（上海市职业技能鉴定中心）

参　　编　龚红兵（上海市商贸旅游学校）

　　　　　余　虹（上海市商贸旅游学校）

　　　　　尹　俊（上海市商贸旅游学校）

主　　审　魏斯涛（上海市创业就业促进协会）

　　　　　徐坤泉（上海市职业教育协会）

插　　图　王雨施

序
——开展创新创业教育是中职学校的新使命

  大众创业、万众创新，是时下最大的"风口"。2015年，国务院颁发了《关于大力推进大众创业万众创新若干政策措施的意见》，李克强总理指出，"大学生是实施创新驱动发展战略和推进大众创业、万众创新的生力军，既要认真扎实学习、掌握更多知识，也要投身创新创业、提高实践能力"。高度重视创新创业教育对推动中职人才培养模式改革的重要意义，正如刘延东副总理强调的那样，人是创新最关键因素，要"牢固树立科学的教育理念，落实立德树人根本任务，优化专业结构，提高教育质量，促进学生在创新创业中全面发展，适应和服务经济社会发展和国家战略需求"。开展创新创业教育是中职学校的新使命，是提升学生核心素养的重要内容，更重要的在于"解放人，激发人的潜能"，促使学校回归本位、教育回归本质、学生回归本真。创新创业教育本质上既是一种与职业教育使命相契合的全面素质教育，也是我们长期所追求的"三明治式"人才培养模式的有效实现路径，更是对长期坚持以就业为导向的职业教育目标的价值超越。必须进行教育教学改革探索，把创新创业教育融入各专业人才培养方案之中，把创新创业教育作为提升学生综合素养的重要平台，切实增强学生的创业意识、创新精神和创造能力，把创新文化沉淀于师生行动之间的思维习惯，厚植大众创业、万众创新土壤，为上海建设具有全球影响力的科技创新中心培养技术技能型的创新人才。

  把创新创业教育列入学校的教育教学计划之中。坚持立德树人基本导向，明确创新创业教育目标要求，成立由校长牵头负责，由教务处、专业部、培训部、招生就业办、教育发展处、德育处、实验室设备管理处、团委等各部门参与的校级组织协调机构，制定切实可行的管理办法和配套政策，完善创新创业教育课程体系，将学生创新创业教育及日常管理工作纳入学校教学管理体系之中。把创新创业教育通识课程作为限定选修课程开设，列入各专业教学计划，同时组织建设与创新创业有关的创新思维与创新方法等选修课程，以及与创业训练有关项目管理、企业管理、风险投资等选修课程，形成线上与线下、校内与校外、学校与企业相融合的创新创业教育课程群。创新创业教育通识课程，要改变原有的教材形态、教学模式、考核评价方式，进行课程资源、课程内容和实施方式的整合，打破课内外、专业内外、校内外的壁垒，设计出适合学生发展、中职学生喜闻乐见、具有跨专业学科特点、体现知识、能力、素养"三位一体"的课程教材，推动选修课程、学习社区、特色社团建设，使课程时空更加灵动，学校教育更加生动活泼，校园生活更加丰富多彩。

我们这次编撰的创新创业通识课程教材，摒弃了深奥的理论阐述，而是以学生身边的故事、以"做中学"这一学习方式，真正放手让学生活动，把行动与思维训练联系起来，让学生在行动中自己获取知识，体验成功的喜悦，让创新能力在实践中不断提高，培养学生的思维能力、观察能力、解决问题能力、创造能力、表达能力、合作能力和社会情绪控制能力，促进学生主动学习、快乐学习，改善合作和交往能力，促进语言和表达能力的发展，并在学习的过程中逐渐完善知识体系。中职学生蕴藏着巨大的发展潜能，通过"创新创业"这一新的教育诉求，激发中职学生的内在潜能，可以更加准确地认识自我，重拾自信，增强他们对专业学习的兴趣，实现个人超越，成为最好的自己。从我们试点情况和征询学生意见的反馈来看，学生都非常喜欢这本贴近学生需要，呈现出完全不同的精神风貌的教材。不仅学生喜欢，上课的教师也对这门新课程、这本新教材给予了好评，学生在课堂上表现出的盎然兴趣使得老师的成就感也油然而生。

积极推进创业实践项目。创业教育是一个基于实践的过程，黑板上办不了创业园，创新创业教育的生命在于实践，也只有在实践中才能体现其意义。要积极推进创新创业训练计划，在校内外导师指导下，让学生在具体的项目实施过程中扮演一个或多个角色，通过编制商业计划书、开展可行性研究、模拟企业运行、参加企业实践、撰写创业报告、参加创业大赛等，全面提高学生的综合素质，增强学生的创业意识、创新精神和创造能力。积极推进创业实践项目，学校成立专门的机构——学生创新创业教育中心，依托政府、高校、有关社会机构、合作企业，充分利用开放实训中心、开放实验教室承担学生创新创业训练任务，为参与计划的学生提供资源、场地、政策、管理等支持和创业孵化服务，加快创新创业训练计划实施的条件建设。制定相关的激励措施，鼓励校内教师担任学生创业实践项目导师，积极聘请社会上创业成功人士担任导师、顾问，指导学生创业训练和实践，在学校导师和企业导师共同指导下，对一些具有市场前景、可持续发展的项目或者服务，以此为基础开展创业实践活动。学校要从课程建设、教材编写、教师培训、学生选课、成果认定、学分认定、灵活学籍管理等方面给予政策支持，为学生创新创业提供交流经验、展示成果、共享资源、资金支持的机会。

开展创新创业教育绝对不是为了创办"公司",其意义在于促进人的发展,教师的专业发展和学生的可持续发展,唯有如此理解,很多我们难以理解的问题,才能释怀。创新创业教育的价值在于促进教育价值重建——从外在工具价值走向内在生命价值;促进教育目的重建——从养成适应现成社会走向培养生命自觉。创业教育是以培养拥有创业精神、掌握创业理论和知识、具有创业能力和创业技巧的技术技能型创新人才为目标的教育,重在培养具有首创和勇于进取的精神。

在本书的编撰出版过程中,上海市创业就业促进中心、上海市黄浦区就业促进中心、上海市创业指导专家志愿团黄浦分团给予了大力支持,在此表示特别感谢。同时也感谢提供咨询、参加编写和修改的各位专家、老师以及本书策划编辑,正是由于你们的辛勤劳动和无私奉献才能使本书按时完成,及时与读者见面!

李小华
2017 年 2 月

目　　录

项目一　创业启蒙 ·· 2

　　模块 1.1　认识创业／3
　　模块 1.2　培养创业思维／21
　　模块 1.3　产生创业动机／35
　　模块 1.4　开启创业之门／47

项目二　创业准备 ·· 60

　　模块 2.1　积聚创业要素／61
　　模块 2.2　启动创业梦想／80
　　模块 2.3　撰写创业计划书／92
　　模块 2.4　组建创业团队／104

项目三　创业行动 ·· 111

　　模块 3.1　制定经营战略／112
　　模块 3.2　策划营销活动／125
　　模块 3.3　疏通运营渠道／137
　　模块 3.4　管理企业财务／148

项目四　创业支持 ·· 160

　　模块 4.1　获得开业支持／161
　　模块 4.2　获得资金支持／171
　　模块 4.3　获得场地税收支持／181
　　模块 4.4　获得培训活动支持／187

创业中心地图

主要人物图谱

创同学　　　　　　　　创老师　　　　　　　　创主任

项目一 创 业 启 蒙

　　在上海市商贸旅游学校创业中心，刚刚建成的"创客空间"很快成为学生们最喜爱的地方。这里的"创业讲堂""创业咖啡馆""创业模拟室""创业工坊"等不同的功能区，经常有创业讲堂、创业模拟、创业辅导、创客沙龙、创业工坊、创业比赛等丰富的活动项目以及灵活多样的学习内容，学创业的同学们在这里收获可大啦！两年下来，有几个创业团队已经准备走出学校"创客空间"这个创业孵化器，感受市场经济的考验，小有成绩的同学一脸的荣誉感，而准备进来的同学充满了对"创客空间"的憧憬和渴望，这是一个怎样的神秘地方？让我们随同新一批报名进来的创同学团队一起去了解和学习吧……

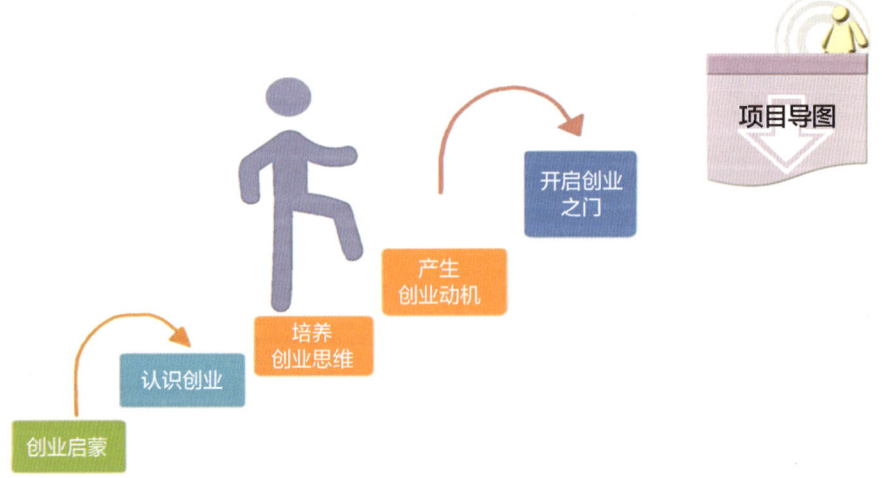

模块 1.1 认识创业

活动地图

创业讲堂　　　创业模拟实验室

创业咖啡馆

活动路径

本模块新增人物图谱

钟传新，2012年毕业于上海市某中职学校市场营销专业，2013年开始创业，从事网店视觉创意设计服务。

都卫俊，2006年毕业于上海市某中职学校广告专业，毕业当年个人创业，以广告策划为主，从事公关广告、创意策划服务十余年。

陈松亮，2010年毕业于上海市中职学校美术专业，2011年创办视觉广告、影视宣传公司。

顾菁，2006年毕业于上海市某中职学校空乘文秘专业，曾是飞翔在蓝天中的空姐，工作5年后辞职创业，现拥有一家自己的具有高端品位的"厨房用品网店"。

项目一　创业启蒙

 学习目标

1. 认识创业是一种精神。
2. 体会劳动创业的光荣。

 任务描述

创同学团队是由新入学的学生自愿报名，组成的一支创业学习团队，今天创业中心的创主任安排他们先到学校创业中心的"创业讲堂"听创业故事，再到创业咖啡馆听创业学长聊聊创业感受，跟创老师学创业之道，接受创业启蒙教育。

 任务实施

一、听创业故事

小微商李同学

小李是一所职业学校的学生，她是老师和同学们公认的品学兼优的好学生，她三年级时开始学习创业，做兼职微商代理，一学期下来，小李的小微店开得风生水起。小李同学创业也是一个学习的过程。她首先就要学会与人交流，并且是和各种各样的陌生人沟通，经过一学期的锻炼，她变得越来越有耐心，心智也越来越成熟了。

为什么要选择创业？小李同学说："选择创业，是自己的一种生活态度。因为自己是一个乐于分享的人，愿意把一切美好的事物分享给更多的人。"为什么选择开微店？小李同学说："因为微商既不需要实体门面，又不需要虚拟网店，减少了经济压力的同时，还可以自由安排时间，且不影响课业。"

小李同学就是这样，边学习边创业。作为一名学生，她十分明白自己的"上帝"仍是学习。所以，做微商并不是用每一分每一秒来卖东西，而是在做好自己作为学生应该做的事之后，再投入精力做生意，如果本末倒置，只会得不偿失。

讲完小李同学的创业故事，创老师请同学们思考两个问题：中职学生能否创业？创业的本质是什么？

这时，创老师站起身来给同学们谈起了她对创业的认识。

二、学创业之道

1. 中职学生是否能创业？

中职学生创业，是受到社会各界密切关注的热门话题。有人说，中职学生应以学习为主，不应创业。这一观点也不能说不对，学生自然应以学习为主，但与创业也并不矛盾。中职学生在校期间的学习是为了培养自己的能力和素养，更好地适应社会的需要。但中职学生又很缺乏社会经验的积累，而兼职、实习、实践、创业都能积累社会经验，让自己较快地成长起来。特别是像小李这样选择创业的学生，在走出校园之前，将创业当作是一种磨炼自己的方式，不为赚钱，而用自己对未来充满热情的生活态度，提前为即将步入的社会生活打下了基础。

2. 创业的本质是什么？

创业的本质是一种精神，一种不怕困难越战越勇的精神；一种敢于开拓勇于创新的精神；一种勤劳自立崇尚劳动的精神；一种能够放下自我融入团队的精神。没有什么事情是可以一步登天的，创业更是如此，必须一步一步地学习、积累和坚持，才能拥有最终的成功。

创业的本质是一种生活态度。选择了创业，就代表你选择了一种生活方式。它表示，你已经做好了准备，准备以一颗沉稳的心，一种永不放弃的态度，一种越挫越勇的精神去完成你的梦想。创业同时又是一个艰苦的过程。选择创业，就代表你选择了一种不畏艰苦的生活方式。

以上创老师讲的两个问题，引起了同学们深深的思考："原来创业是一种精神，一种生活态度，而我们仅仅把它看作是一种致富的途径呢。"

这时，创主任进来招呼大家："今天，你们的四位师姐师哥来到了学校的创业咖啡馆，同学们跟这四位学长交流一下创业感受吧！"

三、聊创业感受

说起学校的创业咖啡馆，它是学校特意为创业同学开设的创业实训场地，它完全由学生们自主经营，也是一个创业的实体。创主任经常在这里举办创客沙龙，创业的同学们可以向有创业经验的创客们请教、学习，并与之交流。

今天来到学校创业咖啡屋的是钟传新、都卫俊、陈松亮、顾菁四位从学校毕业后开始创业的学长，今天他们来与大家交流创业的感受。

创业格言：

这个世界最大的困难不是做不下去，而是你被从众的人群从心灵上绑架了。

——钟传新

创业沙龙第一位发言者：钟传新

创业，这个词语在我的词典里面，可能是这几年新加上去的。在过去，我并没有什么创业的概念，有的只是一个想法——我不想成为周围的普通人，我想要有不平凡的一生。很多个晚上，当父母以为我把灯关掉已经睡着时，其实我是坐在床头思考自己的事情，有时候想起过往经历会把自己逗笑，有时候展望未来却只能咬咬牙。创业丝毫不能踏空。每走一步，都是经过深思熟虑的，创业如果当作是赚钱的途径，或许能让你赚到一些钱，但是赚钱带来的幸福感也是有限的。如果你把它当作是一种状态保持着，你会发觉自己不知不觉已经深入其中，蕴含的将不仅是物质，更多的是精神层面的享受。好的创业点子，并不一定能带来好的结局，一种强大的心理状态，才可以让自己不断向前。

创业格言：

创业没有一个通用的公式，没有一个标准的操作流程，创业需要找到适合自己的"姿势"，这是一个长期的过程。

——都卫俊

创业沙龙第二位发言者：都卫俊

当社会大众都在谈论创业的时候，你是否也想赶着这波浪潮当一回"创业号"船长？的确，能够做一些自己喜欢又擅长的事情是非常幸运的，很多人是因为种种原因仅仅是做着一份工作，而每个人都想做自己想做的事，过自己想过的生活。我发现我只不过比这波浪潮提早了一步赶到了海里。

创业这点事，因人而异，并非所有人在任何时候都适合。问问自己，我能做什么？身边的朋友、企业需要什么？尝试过什么并有怎样的收获？这里没有一个通用的公式，没有一个标准的操作流程，需要找到适合自己的"姿势"，它需要一个长期的过程。

在新新人类的词典里，"姿势"既可代表知识，又有状态的意思，创业需要积累知识、调整状态。如果真的是不甘于现状想做点什么，却还未有确立的项目，没关系，也可以从点滴可着手的事物开始做，哪怕是业余时间完成一个自己的作品、协助某个商业项目的一部分，也是非常好的开端，并不用着急马上去建立一个全新的创业项目，关键在于是否能真正去做当下所想。

刚开局，可能只是一些小事，收获也有限，但贵在坚持与积累。

> **创业格言：**
>
> 　　创业需要定好创业项目。创业项目尽量和你的兴趣爱好保持一致，只要坚定不移地走下去，蓦然回首，你就到那里了。
>
> ——陈松亮

创业沙龙第三位发言者：陈松亮

要创业，目标很重要，简单地说，创业目标就是选择创业项目以及你期望达到的结果，创业是个朝着目标逐步接近的过程，不可能一蹴而就，而创业激情则是激励我们一路前行的动力。

创业初期只有方向性的目标，确定下来后就要对实现目标的步骤做出安排，团队里的关键成员要知道自己该做啥、何时做、做到怎样。

创业格言：

创业要耐得住寂寞，经得起考验，只有坚持才会修成正果。

——顾菁

创业沙龙第四位发言者：顾 菁

没有规划的人生容易随波逐流，一无所得。愿景，是否可行在于心境。在创业的初期，你唯一要做的第一步是去思考，并将内心所想的事情付诸于应有的行动。另外，创业虽需蓝图，但不要一直想着自己必须得到什么。

急功近利，我们身边总会有这样的人，才刚刚付出一点点，就嚷嚷着要得到回报，无论是工作还是学习都是如此，起初没多久，感觉得不到回报，而且艰难，就选择放弃，继续去寻找收效快的来替代，但殊不知，这世间并不存在这样的选择。

付出需要时间去酝酿，需要努力去滋养才能生根发芽，一步一个脚印，做好自己该做的事情，"幸福"便会主动靠近你。

创业是一种精神，送给正在成长的你们。比起创业带给你的物质外，它更让人感受到的是一种精神的力量。

创主任点评：

因为敢想，所以梦想一直都在眼前；因为敢做，所以成功并不遥远。

四、边学边问

听了创业学长们的一翻创业感言，同学们对创业有了更深一层的认识，这时创老师用投影打开了一个文档说道："同学们，我们今天来讨论马云关于创业的一次演讲吧。"

> 马云，男，1964年生于浙江省杭州市，阿里巴巴集团主要创始人，现担任阿里巴巴集团董事局主席、日本软银董事、TNC（大自然保护协会）中国理事会主席兼全球董事会成员、华谊兄弟董事、生命科学突破奖基金会董事。

想成功，就要今天做明天的事

——2015年马云给香港青年的创业演讲

大家晚上好！

我自己觉得我创业15年，有很多的经历，更像一个大哥在创业十多年经历了很多挫折以后，跟大家分享一些我的看法。所以接下来我想讲几个观点。

第一个观点：我从没有想到会走到今天。

创业的时候我记得我请了24个朋友到我家里说我准备做一件事情叫互联网。大家听了将近两个小时，没有人听懂我说什么，最后投票表决，23个人反对，只有1个人说你去试试看。当然我不管别人怎么想，我们最后决定还是开始创业了。

所有人看我都不具备创业条件，但是很奇怪，有时候读书不好反而可以创业。我送了两个同事去读MBA，都没录取，我很奇怪，问系主任为什么，他说他们数学太差考试都没有及格。我说考试及格他们还会来读MBA吗？考试及格他们还会创业吗？他们可能当科学家，他们可能有很好的工作，所以我们这些人原来很多资质并不是那么好。所以在人们看来几乎没有可能成功的，我们走了15年，走到今天。

创同学：

创业有没有学历要求？

创老师：

创业跟学历没有必然联系，我们在现实中看到许多创业成功的人他们的初始学历并不很高。但是，创业中又需要具备一定的知识和能力，有一定的学历在知识方面会有优势，创业能力需要在现实实践中锻炼打磨。有一点不可否认，就是成功的创业者要具备学习能力，不管是在何时何地都要注重学习，注重个人知识积累和能力的提高。

我开始创业的时候，我跟包括我在内的18个创始人讲了一点，如果我们这些人能够成功，中国80%的年轻人都能够成功，因为没有人给我们一分钱，也没有给我们权力和地位，我们什么资源都没有。我们18个人凑了50万元人民币，我们预测这50万元人民币大概能够坚持12个月。如果能够融到钱，继续下去。结果我们熬到第8个月已经没有钱了，而且没有人看好我们。我记得我跟蔡副主席一起去硅谷融资，我们被三十几家风险投资公司拒绝了。我到现在为止不写计划，其中一个原因我写的所有计划都被拒绝掉了。不是计划很重要，而是坚定做自己的事情很重要。

阿里巴巴走到现在，很多人说梦想、理想、幻想是有很大差异的。梦想，每个人年轻的时候都有过，我记得有一些父母跟我讲过，我这个孩子三天两头换梦想，今天想这个，明天想那个，我说这很正常，总比没有梦想好。我想过当解放军，我想过当警察，我甚至想到去KFC应聘工作。去KFC应聘23个人录取了，就我没有录取。当警察，5个人去，4个人录取，我没有录取。所以梦想有也挺好，但是理想是什么？理想是一批人共同坚定一件事情，并且有计划、有实践、有行动，一点点把它变成现实。

阿里巴巴开始做的时候，不是一个简简单单的梦想，更不是幻想。今天我看到很多人幻想挺多，不切实际、没有行动、总觉得别人不对。所以我自己觉得，我们有一帮人，18个人在家里面，大家坚定共同的信念，我们许诺一起走。我们那个时候50万元人民币，如果我们失败，找不到钱的话，我们18个人一起去找工作，我觉得我们还是有机会。所以大家要弄清楚，如果你有一个梦想你是不是在坚持，是不是在行动。如果你有一个理想，你是不是一批人一起去做。一个人其实是很累的。创业不是你一个人的事情，创业是一批人的事情。

创同学：

梦想与幻想的区别是什么？

创老师：

每个人小时候都有自己的梦想，有的想成为科学家，有的想成为公务员，有的想成为经理，有的想成为老师，有的则想成为一名军人。随着年龄的增长，我们会因为现实环境的变化而调整和改变个人的梦想，但是我们有深刻的感觉，梦想往往是推动我们努力奋斗的原动力。梦想不是幻想，我们对于不切实际的异想天开，会说是一个幻想，一般来说幻想按现实的条件比较难以实现，而梦想经过我们努力却能一步一步靠近。

从阿里巴巴到现在，我们做了15年，我们很幸运，我们成功了。但是绝大部分人没有成功，成功的原因有很多，失败的理由都差不多，我想跟大家分享，在座的各位如果你要去创业，多花点时间思考别人为什么失败，不要去思考别人为什么成功，成功是有很多原因的。我发现我很多同事本来都很聪明，把他们送去学习MBA回来后却变傻了。

原因是什么呢？

它有两件事情，一是我后来发现MBA案例教学都是教别人张三怎么成功、李四怎么成功、王五又怎么成功，学了太多成功的事情后，你反而不知道，觉得自己飘飘然。二是MBA把很多东西固定化了，所以我自己回忆在阿里巴巴成立的前三年到五年内，我每发现一家公司怎么失败的，我就会把这家公司失败的案例发给所有同事，让大家知道这些事情要记住，别人犯这样的错误我们也会犯，不要以为你有多聪明，人都是差不多的。只有避开那些经常犯的错误，你才有可能少走弯路。尽管这样，阿里巴巴犯的错误绝不亚于任何一家公司。

我今天这样觉得，很多书讲马云怎么成功、怎么能干、阿里巴巴怎么能干，其实我们这些人都不怎么能干。我是肯定不能干，我们18个人也不那么能干，如果能干，他们早去其他世界500强了，找不到工作才到这里。然后也没有人请我们，我们只能自己安慰自己走下来，这是现实。但是我们不断坚持、思考，并且学习别人失败的经验。所以走到今天，我们的市值，阿里巴巴这家公司变成全世界这么大的一家公司。

我其实很担心，三四年前，大家都认为阿里巴巴很糟糕，商业模式不行，技术不行，服务不行，产品不行，还有很多假货，反正看来都不行。我跟同事讲，我们其实比别人想象得要好。但是今天，所有的人都认为阿里巴巴了不起，中国的骄傲，互联网的奇迹，电子商务做得那么好，其实我们远远没有别人想得那么好。我们还是一家很年轻的公司，只有15年，15年的成功并不意味着你未来会成功。我们在做前人没有做过的事情，这些东西让我们很理性地看待自己，别人说你好的时候你要知道你没有那么好。别人说你坏的时候，你也要想想其实我们还可以了。所以我们就是这样不断调整自己的心态走到今天。

我们没有想到我们走到今天，说心里话，我们今天阿里巴巴的人一定比15年前要能干很多，但是再走一遍，同样一批人再走一遍，不一定会走到今天。时代过去了。我在上个礼拜面试了8个年轻人要准备自己创业的，我们成立了一所大学，叫湖畔大学，培养并发现企业家。这8个人我听了两个小时，我心里发虚，我想幸好15年前干，要是现在干，肯定被杀得片甲不留。今天的年轻人肯定比我们要能干很多，只是在别人反对你的时候，你能够说服自己，说服同行一起上路，这是我第一个观点。

创同学：

学习创业失败的事例为什么重要?

创老师：

我们学习创业不仅主要学习成功的案例，也要学习失败的案例，成功中我们学习和借鉴成功的因素，失败中我们找到失败的原因，由于人们更多地看到成功的因素，而较少地分析失败的原因，所以往往会重蹈覆辙，阿里巴巴因为重视分析失败的原因，在实践中注意避免这些问题的发生，所以才有了今天的成功。

第二个观点：没有想到创业有这么艰难。

我告诉大家，15年前走到现在，我根本没有想到有这么艰难，有这么多麻烦，有这么多痛苦，我真的不止一次跟自己讲过，要是重新来过，我愿不愿意来？我说我不来。马云，有一天你会这么成功，但是你要付出这么多的代价，你愿不愿意？我说心里话，我不愿意，这也是实话，我今天来就是跟大家讲实话，讲真话。

人家说我宁可付出代价做到你这么好，其实不是那么回事。大家看到今天成功的时候，但是没有看到所有错误的时候、沮丧的时候、同事闹矛盾的时候，政府找麻烦的时候，没有钱的时候，发不出工资的时候，客户不满意要求退货的时候。其实在创业过程中，无论你有多成功，成功都是短暂的。但是付出的代价是非常大的，犯的错误是无数的。全世界的企业家都是这样，你们今天看到他辉煌的时候，但是你一定没有看到他背后的付出。

我们懂得自己温暖自己，自己安慰自己，我们知道工资发不出的时候该怎么办，我们发现我们自己只能开 2 000 块钱工资或者 500 块钱工资的时候，别人到你们公司抢员工出 5 000 元的时候你该怎么办？其实每一天你要面对这样的困难，一直希望自己把公司做大了，也许我就不需要有那么多麻烦。

我特别喜欢看香港这种电视剧，老板什么事都不干，雪茄抽一抽，很气派的样子，我想有一天我也做大了，我或许没有麻烦。现在明白了企业越大，麻烦越多，责任越大。还不如自己在小房间创业的时候。每个阶段都有自己独特的困难。但是今天从另一面来讲，又把自己想明白了，能做阿里巴巴，能够给这么多人服务，能做这样的事情，是一种福报，是修来的。别人想干还干不来，既然做了，就做下去。所以在座的所有创业者，全世界创业者都有一本苦难的经，大有大的难处，小有小的痛苦，但是要保持良好的心态，因为你今天至少可以做一些事情去改变。所以实话实说这15年超出大家的想象。有人讲马云你很智慧啊，哪来的智慧，智慧的人肯定都是很倒霉过来的人。所有智慧者都是受过巨大的生理、心理痛苦才走过来的。只有知识很好的人，智商很高的人未必吃过苦，情商很高的人一定吃过苦。

创同学：

创业一定要吃很多苦吗？

创老师：

没错，创业是一种精神，这种精神不仅代表着执着追求，不放弃，还代表着吃苦耐劳，勇于奉献，正如马云所说，成功的人一定是吃过许多苦、受过很多磨难和煎熬的人。

第三个观点：机会其实是均等的。

我一直认为这个世界没有机会。我在大学毕业以后、创业之前被30多份工作拒绝，几乎没有一份工作被录取。我觉得太麻烦了。有时候看看李嘉诚先生，怎么人家那么厉害。看看比尔·盖茨，看看巴菲特，不得了。其实我现在跟他们熟悉后，我发现人都差不多。别人说我很厉害，其实我爸妈从来没有觉得我很厉害，我老婆更没有觉得我很厉害。远看都很好，近看都差不多。

但是有一件事情很有意思，为什么机会都是均等的？我那个时候天天抱怨盖茨、埃里森把机会全拿走了。要想做软件，出了一个微软，做硬件，IBM。要做商场，有一个沃尔玛，都比你大。所以没有意思了。但是细想一下，我为什么跟李嘉诚比、为什么跟比尔·盖茨比，人家吃过很多苦，我们应该跟隔壁的老王比、小张比，只要比小张做得好我就很高兴，我并不要让全世界用软件的人都高兴，只要让我们家的人高兴就好了。想明白就好。

这几年很荣幸，我这一辈子很感恩，最大的福气就是我有机会认识了所谓这个世界上很了不起的商界最牛的人。交流过后发现有一件事情一定要分享给所有的年轻人。第一，他们一定是很乐观地看待未来。第二，他们永远不抱怨，只检查自己的问题。第三，他们超越常人的坚持。没有这些素质你是走不远的。你首先要乐观，不乐观的人是不可能创业的。所以我自己觉得，我算是一个乐观主义者。我看看身边那批企业家的大佬们都非常乐观，永远相信未来比今天好。其实人类社会碰到的麻烦，每100年、每50年各种各样的麻烦，但是人类社会永远是一年比一年好。所以2008年金融危机到来的时候，我跟很多同事讲，我说这是机会啊，终于让以前很厉害的人倒霉了一下，轮到我们发点小财了。

创同学：

如何发现创业机会？

创老师：

机会不是人等来的，机会要靠人们去发现，只要你处处留心、善于观察，你就能在大家看不到机会的时候看到机会，你就能成为一个成功者。

第一，其实大家去思考一下，很多时候不管你愿不愿意，今天再困难，十年以后成功的企业家一定比今天多，十年以后有钱的人一定比今天多，十年以后你发现很多人从来没有听说过的一定比今天多，人类总能解决问题。

第二，我发现有一件事情，几乎所有成功者碰上麻烦、犯错误后总是先检查自己，我这个没有做好，我得调一调。我这个不对。真正成功的人一定是改变自己的人，改变别人的事情少做。我以前跟很多年轻人一样也是这样，我要是总理的话，我肯定是怎么怎么样。我要是总统的话，我必须这样这样。后来发现根本不是这么一回事情。其实改变世界的事情留给总统、留给总理、留给主席去干。改变自己显得更为重要。

这个世界好时候有坏企业，坏时候有好企业，所以我自己想明白了这个道理，我爸想改变我花了将近30年，没有办法改变我，后来我自己花时间改变。我冲动过，今天你们年轻人所干的所有事情我都想过、都干过。几年前在中国大陆有一个节目——赢在中国，我作为创业评委，很多年轻人说的主意一出来，我都想过。但是很重要的一点，检查自己、改变自己。

第三，要少抱怨。听别人抱怨，你应该很高兴，这家伙在抱怨，我在干活。我小时候读书读不好的最大问题在哪里？我发现读书成绩很好的人天天在外面玩，我说怎么每天玩，他说读什么书，玩就可以了。结果人家回家在读书，我傻乎乎地回家还在玩。别人抱怨，机会就在抱怨之中。只要有人抱怨，想些方法去解决就可以了。其实说阿里巴巴成立最早的想法就是来自听见很多人说中国出口太难，所有出口的人都必须到广交会去，结果我想连我们都申请不到去广交会的牌照资质，为什么不在网上做一个平台让大家直接在网上卖？

所以我发现成功者很少抱怨。成功者抱怨到一定程度时不是为自己抱怨，而是为同类抱怨，为同行业抱怨，但是不能幻想，要脚踏实地地去做。今天人家说阿里巴巴很了不起，其实这15年来我们有1万次想过放弃，别弄了。最后想了想，已经走到现在了，再熬两天。很奇怪，很多事情你再熬24小时观点就变了。人要走很容易，跑到高楼往前跨一步就没了，但是回去很难。我的坚持就在于每次碰到大麻烦、大困难的时候睡一觉，第二天早上再想一想。坚持有的时候就这么简单，因为冲动的时候，旁边人一讲，你的脑子就会冲动，这个时候应该离开一下。大家都说放弃的时候花两分钟想一想，大家都说坚持的时候再花两分钟想一想。人的脑袋是自己用来思考的。

创同学：

检查自己、少抱怨，是对创业者的要求吗？

创老师：
现实中我们发现抱怨是没有用的，甚至会使情况更糟，大多数情况下，抱怨会降低士气，不利于创业，所以要多检查自己，少抱怨。

第四个观点：香港的机会和未来的机会。

最近在中国大陆有一句话很流行，叫做"风来的时候猪都会飞"。这头猪，如果躲在很好的风口，风一来，猪都会飞起来。所以很多人天天在找风。但是风过去了，摔死的都是猪。这些猪没有改变自己，没有创造出自己该走的路。还有一批人是真正的猪，机会走过他都没有看见。再有一些人是机会到了手上变成了灾难。

今天下午很多朋友问我，你看我们香港年轻人还需要什么技能才能创业。我来香港的机会比较多，跟香港的很多年轻人交流过。我们前一段时间有很多香港年轻人到阿里巴巴实习，跟他们交流的过程中，我是没有底气的，我觉得他们知识面太广了。香港所处的地理位置，以及所有大学完善的教育，我认为中国大陆目前要具备这样素质的学生并不多。实事求是地讲，创业只是今天香港的年轻人敢不敢往前跨一步的问题。

今天香港的麻烦，全世界都有。欧洲没有这个麻烦？美国没有这个麻烦？还是日本没有这个麻烦？大陆没有这个麻烦？麻烦都在。我那个时候也有麻烦。我爸有他的麻烦，我爷爷有他的麻烦，每一代人都有他们自己的麻烦。每一个国家和地区都有麻烦。尤其是现在，请问哪家成功的企业今天敢说他没有麻烦？我前两天麻烦还没有过去呢。对不对？

难道看到麻烦就跑了？看到麻烦你骂谁去呢？还得自己去解决。很多人在抱怨的时候，要静下心来思考一下，我该继续抱怨下去？还是该改变自己？香港的机会，我自己觉得，不是要来安慰大家，我也没有这种能力安慰大家。我只是告诉大家，今天一定比我15年前有机会，整个社会在发生巨大的变化，互联网时代，数据时代，仅仅刚刚开始。这个社会正在从IT向DT时代转移。我不是一个学者，我也不是一个经济学家，但是我试图用一个观点来讲，未来30年人类社会的机会。

第一次工业革命，以英国的蒸汽机发明，实际上是释放了人的体能、人的肌肉力量、腿的力量。所以英国把握了这个机会，迅速崛起。英国迅速实现机械化。第一次工业革命诞生了大量工厂。英国打败了西班牙，打败了荷兰，迅速崛起。第二次工业革命以电为主的美国又迅速崛起，迅速变成了制造业的规模化、标准化、流水线、供应链管理、IT，诞生强大的公司机制还是释放人的体能。但是我们现在很多人在问这个问题，高科技每次技术革命是消灭了就业还是创造了就业，其实第一次工业革命、第二次工业革命都创造了无数新型的就业。这次以IT、互联网为主的是彻底释放人的脑袋。

你去想，释放人的体能都搞了将近200年，释放脑袋都还没有开始。以前如果是一个制造的年代，今天就是一个创造的年代。今天你必须掌握，香港年轻人记住，你今天懂得的是你爸根本没有听说过的东西。我发现今天年轻人懂得比我多，只是他不愿意和我争论而已，这是现实。今天在座的很多人，除了我们人生阅历和经历比年轻人多以外，当然也有很多很了不起的人，但是绝大多数老年人是不如年轻人的知识结构的。比如互联网，估计你昨天再牛，今天也虚脱了一半。

我们一直以为没有机会了，但是谁会想到在今天会诞生像腾讯这样的公司，在中国会诞生像百度、小米、淘宝这样的公司。出现IBM的时候，我想完了，但这个世界又出现一个微软。出现一个微软后我们又觉得根本不可能了，但又来了一个雅虎，雅虎之后又来了一个google，google之后又来了一个亚马逊，亚马逊之后又来了一个facebook，facebook后又来了一个阿里巴巴，阿里巴巴之后一定有层出不穷的公司，只是你愿不愿意找到一批有理想的人把你的理想用行动来实现，所有成功的人都是这么走过来的。你如果想成功，如果想买得起房子，你也得这么走。不是可以通过呼吁呐喊出一套房子，一定是改变自己，改变别人很艰难，我今天反正连我的孩子都改变不了，我只想改变自己，因为自己改变了，世界才会变化。

创同学：

中职生是不是具备创业的可能性呢？

创老师：

创业在基本的知识能力水平达到的情况下跟你的学历无关，创业的过程是一个自我提升、自我发展的过程，在这个过程中，你会在各方面得到很好的锻炼，在创业的过程中你的思考能力、运作能力、沟通能力、财务能力等等方面都有机会得到综合提升，为你今后个人发展打下良好的基础。

 **练习与检测**

一、阅读下面一段话,回答问题。

马云寄创业语录:

1. 创业要想清楚"你能放弃什么?"

许多人都想创业,但不知如何起步。马云首先告诉创业者,"人一定要想清楚三个问题":一、你有什么;二、你要什么;三、你能放弃什么。你有什么,是评价自己的现状;要什么,是明确自己的目标;最难的是,自己不知道或不敢放弃什么!这点恰恰能决定自己想要实现的目标是否能实现,没有人可以不放弃就能得到。

知易行难,创业需要不断的提升自己。在谈及"从菜鸟到领袖的五大修炼"时,马云说,首先要有"一大中心",即做人真实朴实,不装腔作势;其次要战胜"两大敌人",一是压力,二是诱惑;再次还需建立"三大基本点",具体有"眼光和远见、胸怀和使命感、勇气和坚持";然后还必须经历"四大决策"考验,即"坚持VS放弃,绕道VS硬拼"。最后,创业者要练成五大硬功夫:像水泥黏合团队,像天平把握平衡的艺术,像孩子般好奇,像船长一样预见风暴,像狼一样不屈不挠。

2. 永不放弃就有机会到达成功的彼岸

"今天很残酷,明天更残酷,后天很美好,但绝大部分人会死在明天晚上。"在互联网陷入寒冬的时候,马云曾经告诉创业者们,创业之路充满艰辛,但只要有梦想,只要不断努力,不断学习,永不放弃,就有机会到达成功的彼岸。

马云的创业人生就是"永不放弃"的最好体现。从他1995年辞去大学教师的职业卜海创办"中国黄页"时,后来被迫离开黄页创办阿里巴巴,再到阿里巴巴取得今天的辉煌成就,这一路上马云遭遇的挫折、困难是难以计数的,但马云凭着"永不放弃"的精神坚持了下来。

阿里巴巴创业之初时的艰难,或许您难以想象,蜷缩在杭州西湖边的民居里,马云用十几个人凑齐的50万元启动资金,艰难办公。然而,就是这50万元,马云却喊出了这样的宣言:"我们要建成世界上最大的电子商务公司,要进入全球网站排名前十位!"2007年11月6日,阿里巴巴在香港联交所上市,市值200亿美金,成为中国市值最大的互联网公司。马云和他的创业团队由此缔造了中国互联网史上的奇迹。而如今淘宝、支付宝、一淘、淘宝商城等阿里巴巴商业帝国的许多网络服务，已成亿万网民非常熟悉的日常选择。

马云提醒创业者，"创业成功，取决于试错的速度"。"创业能否生存下来，很大程度上取决于它的试错速度，快公司能赶在弹尽粮绝之前，根据试错实践迅速调整、修改、改进，磨炼出可行的商业模式，找到生财之道，这样创业公司才能成活、才有发展的前提。试错，是创业公司的生死考验，是创始人的一场意志和智慧的较量。"

3. 学习是最便宜的投资

对于创业者，马云还奉献了"加速创业成功的五种好习惯"："第一，保持激情。只有激情，你才有动力，才能感染自己和其他人。第二，做事专注。抓准一个点，然后像一颗钉子一下钻下去，做深做透。第三，执行力。不仅知道，更要做到！第四，学习的习惯。学习是最便宜的投资！第五，反省的习惯。事不过三，经常反省自己的得失，使自己成长。

一、思考并回答问题：

1. 马云的三个创业语录是什么？
2. 马云说"你能放弃的"指的是什么？而创业中的"不放弃"又是什么含义？
3. 为什么马云说学习是最便宜的投资？

二、在教师的指导下，同学们组成创业小组，然后讨论下面的问题。

1. 你是一名中职学生，你会对创业感兴趣吗？
2. 你的身边有开始创业的同学吗？
3. 说说你在什么情况下会想去创业？

三、判断对错并说出你的观点。

1. 中职生不可以创业。
2. 创业只是幻想。
3. 创业要等机会出现。
4. 抱怨有利于创业者发现问题。

模块 1.2　培养创业思维

活动地图

创业讲堂　　　　　　　　　　创业模拟实验室

创业咖啡馆

活动路径

学习目标

1. 学习创业思维。
2. 培养个人的创业思维。

任务描述

听创老师说创业需要有创业思维,同学们非常好奇:怎样才算有创业思维。于是创主任安排了创同学团队参加第二次创业活动,以激发同学们的创业思维。

任务实施

一、听创业故事

张克明同学的创业梦

我叫张克明,上初中时我家住在上海郊区,家里条件不富裕,我很早就有创业的打算了。刚开始我琢磨如何发家致富,我那时非常关注种植,把很难得的零钱都买了这方面书籍。高一的时候,我曾借100元钱从一家公司买了一种市场上旺销的植物种子,从邻居家借了复合肥,深耕,播种,浇水……结果是我上当了,种子根本不是我要的那种,而是一种很便宜的替代品,我好委屈。之后我还陆续按我的想法做了一些其他创业致富的事情,但都以失败告终。

后来我进了中职学校,三年级时,学校开设了创业课,这是一门我很感兴趣的课,课堂上教师讲的好多问题都是我原来困惑的问题,我感觉我明白了很重要的一点:是不是第一个做并不要紧,有想法很重要,只有形成创业思维,才能真正走上创业之路。我读的是电子信息专业,有一次,路过复读机小摊位,听着复读机重复地发出声音,忽然产生了一种灵感:用闪存存储MP3音乐,停电后存储的内容也不会丢失,然后再加一个声卡,不就可以做一个MP3播放器了。我尝试开始做,并在同学中销售,还真有同学愿意购买我的产品,就这样我走上了电子产品的开发销售创业之路。

听完张克明同学的创业故事，同学们小声议论起来"为什么张克明同学会有这些创业的想法和点子呢？"听到同学们的窃窃私语，创老师招呼大家安静下来讲了自己对创业思维的认识。

二、学创业之道

1. 创业的点子是如何产生的？

创业过程中最难的就是创业的 idea，拍拍脑袋出来的 idea 根本经不起推敲，能经得起推敲的 idea 依旧是百里挑一。IBM 创始人创业时所做的"运算打卡机"，是因为他学数学，在国家统计局工作过，他想发明"运算打卡机"来提高工作效率。卢卡斯创立"工业光魔"，第一件事是满足自己的需要，因为世界上没有一家现成的制作公司能完成他在《星球大战》里的高难度动作，那咋办？只有自己动手、自己创业。只有你身边熟悉的事情，才能和你发生实实在在的有机联系，才能给你第一手的感觉和判断，使你有自信能解决问题，有信念去创造价值，有动力去改变世界。因此可以说，创业的 idea，往往是为了解决身边的问题，最好先从自己所学、所接触、所熟悉的事物中自然产生。

2. 创业点子产生要经历哪几个过程？

创业点子不是空想出来的，它的产生经历了这么几个步骤：一是留意。做个有心人，事事留意，处处留心。二是发现。细心观察，发现问题。三是筛选。通过层层审查创意，选择比较，找出金点子。四是深挖。挖掘创意的内涵，培育创业的种子。

3. 什么才是好的创业点子？

好的创业点子都具有以下三个特点：是你想做的；你有能力做到；人们还未意识到它的价值。

我们从小到大都遵循着大家都习惯的思维方法。例如，有的同学成绩没考好，家长会说你学习没有努力哦，老师也常常把这些同学归到不努力的队伍中。久而久之，这样的思维定势影响我们对自己定位，职业学校的学生往往把自己定位在一个不被大家认可的好孩子的行列。这样的思维模式我们称为思维定势。

三、边学边问

创老师给同学们打开了一份关于创业思维的 PPT。

创业讲堂

创业思维

（一）思维定势

1. 思维定势的概念

思维定势是我们长期生活在某个环境中反复思考同类问题所形成的思维习惯，它局限人们的头脑，让人们用一种固定的思维模式思考问题。

思维受到一个框框的限制，就难以打开思路，缺乏求异性和灵活性。

2. 思维定势的种类

（1）书本定势。就是在思考问题时不顾实际情况，不加思考地盲目运用书本知识，一切从书本出发，以书本为纲的思维模式。

（2）权威定势。在思维领域，不少人习惯引证权威的观点，不加思考地以权威的是非为是非，一旦发现与权威相违背的观点，就认为是错的，这就是权威定势。

（3）从众定势。不少人在思维上有随大流倾向，别人怎么做，我就怎么做；别人怎么想，我也怎么想，这样不会出错。这样的思维模式就是从众定势。

创同学：

思维定势对我们有什么影响？

创老师：

当我们从事创业活动时，思维定势往往会束缚着我们的想象力、创造力、创新力。

创业讲堂

（二）创业思维

创业思维就是力图用一个项目成就一番事业，通过用自己的想法去支配资源，放大自己能量的思维。创业首先需要具备创业思维。

（三）创业思维的种类

人们常见的创业思维有四种。

1. 逆向思维

逆向思维又称反向思维，是与传统的、逻辑的、群体的、习惯的或定势的思维方向相反的一种思维。逆向思维通常分为以下四种：

（1）时序逆向。时序逆向是从时间顺序上进行的逆向思维。如：反季节种植瓜果、蔬菜，反季节购买或销售服装。

（2）特征逆向。特征逆向是从事物基本特征的相反方向进行的逆向思维。如：李玉刚唱京剧旦角《海市蜃楼》。

（3）原理逆向。原理逆向就是从事物原理的相反方向进行的逆向思维。如：电磁感应现象。

（4）结构逆向。结构逆向是通过结构位置颠倒、置换等方式进行的逆向思维。如：意大利的比萨斜塔。

为了让同学们对这个知识认识得更加清楚，创老师继续讲道：

创老师：

逆向思维，顾名思义不是按照人们正常的思维方式，而是指朝着事物特征、功能、性质相反的方向进行的思维活动，要敢于离经叛道、否定传统、挑战权威。学习逆向思维是为了培养一种思维方式，即在思维的过程中，并不是只存在着一条思维道路，若对客观事物向相反的方向分析、思考，改变传统的立意角度，可能会产生全新的见解。

创业讲堂

2. 发散思维

发散思维就是思维大胆地向四周辐射，扩散出两个或更多可能的答案、设想或解决方法的思维方式。

发散思维顾名思义是一种开放性的思维，是在思考和讨论一个问题时不依赖常规，而是寻求变异，尽可能多地探索答案的思维形式。发散思维不仅需要用上我们自己的全部大脑，有时候还需要用上我们身边的资源，以集思广益。

创同学：

发散思维在现实中是什么样的表现形式？

创老师：

发散思维可以采取不同的形式，比如我们常常戏称的"诸葛亮会"。在设计方面，通常采用"头脑风暴"。每个人不考虑可能性地说出自己的想法，只要自己能说通了，就可以被大家认同，而且被采纳，最后总结出结论。这个方法就叫作"头脑风暴"。

创业讲堂

3. 集中思维

集中思维与发散思维是一对互逆的思维方式，它是在已有的众多信息中寻找最佳解决问题方法的思维方式。集中思维也叫聚合或收敛思维。

创同学：

集中思维在现实中具体是哪一种情况？

创老师：

集中思维是要针对各种可能的情况，进行逐个分析、比较，将问题集中到能够解决问题的某一种或几种可能的答案上的思维形式。选择题是考试中常见的一种题型，它就是一种典型的集中思维。创业的思维过程，就是发散思维与集中思维的对立统一。往往是通过发散—集中—再发散—再集中……直至完成的过程。

> 创业讲堂

4. 形象思维

形象思维是指将事物的具体形象和表象联想起来所进行的思维。形象思维通常有以下四种方法：

（1）模仿法。以某种模仿原型为参照，在此基础之上加以变化产生新事物的方法。很多发明创造都是建立在对前人或自然界模仿的基础上。如模仿鸟发明了飞机，模仿鱼发明了潜水艇，模仿蝙蝠发明了雷达。

（2）想象法。在脑中抛开某事物的实际情况，而构建深刻反映该事物本质的简单化、理想化的形象。想象法是现代科学研究中广泛运用的进行思想实验的主要手段。

（3）组合法。从两种或两种以上事物或产品中抽取合适的要素重新组合，构成新的事物或新的产品的创造技法。常见的组合法一般有同物组合、异物组合、主体附加组合、重组组合四种。

（4）移植法。将一个领域中的原理、方法、结构、材料、用途等移植到另一个领域中去，从而产生新事物的方法。主要有原理移植、方法移植、功能移植、结构移植等类型。

（四）创业思维产生途径

1. 智力激励法

智力激励法是通过集体思考活动，人们相互之间的思维成果在传递过程中产生启发、激励，从而能在短时间内获得较多数量的创新思维成果，进而开发每一个人的智力和创新力的思维激励方法。

2. 质疑

质疑就是对现有事物持科学的怀疑态度，以促使自己进行更深入的思考、分析、研究、改进和创新。质疑是一种以审视的目光、科学的态度、求真的精神进行科学探索的思维方法。

3. 好奇心

好奇心是人对新异事物产生好奇并进行探究的一种心理倾向。它是主动观察事物，进行创新思维的内部动因。好奇心是学习探索的动力之源，世界上许多重大的发明创造与新技术的发现往往从好奇心开始。

4. 想象

想象是指在原有感性形象的基础上创新出新形象的思维过程。

学习了关于思维的内容，同学们脸上露出了兴奋的笑容，大家心想"原来创业思维没有那么深不可测，我们生活中的不少想法就是一种创业思维呢。"

这时创主任过来告诉大家：今天四位学长会再次来到创业咖啡馆与同学们交流创业。同学们高兴地欢呼起来，一窝蜂地跑向创业咖啡馆。

四、聊创业思维

钟传新谈创业思维

说到创业的思维，我没有系统的想法，但我可以给各位同学谈谈我的创业思维。

我对创业，是一种发散式的想法，各方面的都有，毕业后几年的创业经历，我最大的感受是"没有人可以随随便便成功"。我很清楚地知道，仅就创业的结果而言，大部分创业者都将是失败者。在我看来手边的事情要先做好，不能把创业当作是放松自己的借口，能够创业的人一定对自己有更高的要求，首先要有三种意识，即自我管理意识、规则意识和人脉意识。

第一，自我管理意识是一定要有的。创业就是真刀真枪地上战场，吊儿郎当的样子那是绝对跑过去当炮灰的，不要有侥幸心理。自我管理不仅仅是对自己的状态管理，更多的是对自己的时间管理和意识管理。

第二，规则意识就是一把利剑。创业的路途布满陷阱，各种诱惑吸引着大家前往。不管遇到什么，请一定要牢记规则意识。尊重社会的法则，牢记自己的目标。将不必要的纠纷风险降低到最小，熟悉一些常用的法律条款，对于自己会很有帮助。

第三，人脉意识不是简单地交朋友。一定要往好的圈子跑，你才会发觉更多的东西。好的环境是怎样的呢？我认为好的环境就是：我偷懒朋友会骂我，而不是跑来一起偷懒。我发作品想炫耀一番，结果朋友亮出作品，跑来浇我一盆冷水，不服就用作品来PK。大家在不断地奋力往前跑，谁也不让谁，大家也不会让谁落下，当然，停下来擦汗时，都不会忘记大家在一起奋斗过，我觉得这才是真朋友。要高标准历练自己。在外面的这片海洋里面，有时候会有宝藏，有时候会遇上海盗甚至是暴风雨。但是不管如何一定要记住一点：前辈的要求，不代表你对自己的要求；领导对你的要求，也不代表你对自己的要求；公司的要求，更加不代表你对自己的要求！自己对自己的要求，一定要远高于外界对自己的要求。

学习是至关重要的。我每天不管多忙，都会看看国内各大知名网站和微信公众号，以及一些圈内知名人士的作品。学习能力的强大可以胜过工作经验的积累。我听到一位知名设计师这样说：如果有一个1年工作经验的人，跟一个6年工作经验的人让我选。我毫不犹豫地肯定选6年工作经验的。但是同样的两个人，如果一个1年工作经验的人跟6年工作经验的人作品水平相当，那么我会毫不犹豫地炒了6年工作经验的，找来那个1年工作经验的。很多同学都会问，学了有什么用？的确，很多时候我们都会遇到这种情况，学了一样技能，短时间内可能感觉自己根本用不上，但是并不代表你白学了，你所学到的可能潜藏在自己内心深处，遇到问题旁人一点拨，可能就能够立马上手。

当你选择了和他人不一样的路，如果你的方向没有触犯社会规则，请你坚持走下去，不要随波逐流。这个世界最大的困难不是做不下去，而是你被从众的人群从心灵上绑架了。把创业当作是一种状态，你就永远不会失败。如果有一天，当风口到来时，我相信你一定会飞起来。

都卫俊谈创业思维

我并不是突然想做就去做了我现在经营的这些业务，都是顺着之前的基础而来的，刚开始我只是利用业余时间翻译稿件，晚上在酒吧办活动，协助外国企业参展，随后再是承接更大一些的公关和广告的外包服务。在这个过程中，除了凭借自己的学习积累，还离不开朋友们的帮助，也有一些说不清怎么就来了的机会，或许有被称为"运气"的成分。比如业余时间去学德语，在那个时候好多人都不觉得"有用"，但就是因为这种学习的经历，让我结识了重要的客户和合作伙伴。好运气也是一个因素，但是如果你没有准备好、不具备一定的基础能力，或者没有花足够的精力，好运气到了面前也无法抓住。

成功的光环那么鲜亮，但是光环背后有着怎样的艰辛和困苦，只有自己经历过才明白。过去完成的这么多项目中，遇到的困难、麻烦和阻力绝不是少数，各种原因造成的差错、大企业内部流程的繁杂，还有部门之间的利益冲突，也碰到过只想讨好最关键人物而看不起其他人的人。但这并不是世界的全部。局部的负能量并不能阻止事物整体发展的大方向，踩入坑中以后，我们仍然可以将工作完成得很好。

心态的调整，对创业者也同样重要。刚开始创业时，遇到不少人问我有没有毕业，或者直接判断说"刚毕业不久吧"？开始几次我还会解释一下，后来就懒得去纠正，直接说"对，嗯，没多久"。类似这样的偏见和误解天天都会遇到，每个人都不是完美的，不要过多理会，专注于自己所长，总有值得相互信任的合作伙伴和客户。

勇于尝试、克服困难、坚韧不拔、对市场敏锐、能整合各方资源——这些是我的创业关键词，但我认为最重要的还是要顺应市场，便于整体把握。

如今想要领先于变化迅速的市场，保持对商业的敏锐感觉，每个人都必须不断地学习，与市场同步。我经常挤出时间来阅读创投、财经类的消息，并通过各种渠道选择并参加一些论坛、峰会之类的活动，有时候也会到大学听听讲座。技术的革新让我们更容易获得公开信息，不过有些行业内的情况、相对前沿市场的风向，还是需要更直接的线下交流，很多风险投资人也通过多种方式获取最前沿的内容，想方设法地应用到已经投资或者即将投资的项目上，如果你没有与市场的发展同步，别人就会超过你，所以大家都在拼命学习。

市场机遇对于创业者来说非常重要，在行业周期的不同阶段，同样的付出得到的往往是不尽相同的收获，一个趋于饱和的行业会增加创业的难度，行业的低谷时期则会降低创业回报，这时候就需要思考如何差异化、如何寻找新的市场空间，用同样的投入取得更好的效益。市场机遇还包含了时间点的因素，如果是在当下这个时刻再让我做当时的决定要不要创业，行动或许不会那么一无反顾，可能会增加一些顾虑并更趋于保守，在实际行为上会有更多迟疑，从而产生完全不同的人生轨迹。现在看来，当年走上创业之路，只是想好好珍惜属于自己的时光，不想在10年后遗憾于当时未能找机会尝试，说着"如果当时……"之类的话。

正如历史没有假设，我们每个人的经历也没有"如果"，借鉴过去是为了更好地把握下一个机会，而不是停留在老路上。机会天天有，机遇处处在，从各种途径"涨"了"姿势"，每个人都可以走适合自己的路，实现自己的人生价值。

陈松亮谈创业思维

听说龟兔赛跑的经典故事,又有了几个新的版本。说兔子自从第一次比赛,因为自满和偷懒而输掉了之后,一方面自己很没有面子,另一方面,也关起门来深刻地反省了自己,并且给自己约法三章:第一,决不服输;第二,决不自满;第三,决不偷懒,全力以赴。一个月之后,兔子又找到了乌龟,要求再比赛一场,乌龟勉强同意了。在一个风和日丽的早晨,在老虎、猴子、大象等动物的监督、公证之下,比赛开始了。发令枪响过之后,兔子一溜烟地飞奔而去,而且,一路之上,兔子不断地自我激励:"我是最棒的!我加油!我一定能成为第一!"

可是,最终的结果却是,乌龟这一次又获得了第一名,兔子又输掉了!

为什么?

答案是:兔子跑错了方向。

现实生活中,没有方向或者跑错方向的大有人在。很多人都坚信"天道酬勤""一分耕耘、一分收获""勤奋+汗水=成功""世上无难事,只要肯登攀""笨鸟先飞"等成功的格言,殊不知,这些成功的格言是建立在一个基本前提之上,那就是正确的方向。也就是说,确定方向比出力流汗重要。也可以说,方向错误,你越努力,你离成功越远,离失败越近。

所以,创业目标是否合适将直接影响你创业的成败。要坚持做自己喜欢的事,坚持喜欢自己做的事。一个人在从事自己喜欢的事业的时候会迸发出无穷的动力和奇特的想象力,而且会使他一直保持在一种较佳的状态;反之,如果一个人从事一份他不喜欢的事业,而且这份事业又困难重重,那么他会坚持多久?他能做好吗?如果你的创业目标就是你的激情所在,那么你的创业激情会为你提供源源不断的动力和支持,而此时,你的激情也被理所当然地调动起来了,你的潜能也就被挖掘出来了。

激情,就是我们在前进过程中长盛不衰的原动力。在我看来,要长久保持这份激情,首先要做的是明确自己的目标,明确我们在这个行业中到底要寻找什么,在通往这个目标的过程中要去做什么。只有心中明白了这一点,才不会在征途中迷失方向。

相信我们每一个伙伴心中,都有一个远大的理想,也许有的伙伴会说,这个目标对目前的我们来说确实还很"远大",显得有些可望而不可即。其实这没有关系,我们可以尝试学会"分解目标"。把目标分成几个阶段,并一点一点地去实现它,这样压力会轻松很多,并且能增强实现目标的信心。

除此之外,我们还要将所从事的事业当作是一种信仰。古人云:乐之者不如好之者。当我们发自内心地喜欢这份事业,甚至达到一种狂热的时候,去面对困难、克服困难的意愿就会强烈许多。当然我们也要对创业的难度有理性的认识。在踏上坎坷曲折的道路之前,有一个心理准备,并不是一件坏事。

一个能成功的人,必定善于激励自己。在这个行业中要获得成功,更需要练就较强的自我激励和自我调整能力。我们可以尝试经常想到自己的目标,为自己描绘一下未来事业的蓝图,并为自己营造一个上进、易于自我激励的氛围,比如说在房间门口挂上一张激励自己的小条幅,就是个不错的方法。

当然,我们还应经常为自己充充电。如果说工作是一种能量的释放,是"放电"的话,如果只放不充,那迟早会用完。保持良好的学习习惯,提升自己的专业能力,拓宽知识面,会为我们在前进的道路上补充更多的能量。阅读一本励志书籍或者来趟说走就走的旅途,放松一下心情,都可以为我们更好地投入以后的工作带来帮助。

顾菁谈创业思维

创业不是跟风,更没有所谓的好项目。在我们绝大多数的人中,很多人还不够了解自己。建议大家先仔细地思考一下,好好了解自己的兴趣在哪里?自己擅长的又是什么?你必须要很清楚地了解自己的兴趣和爱好。我们不需要全盘兼顾,但至少你必须要有所擅长。把投资花在自己擅长的几件事上,专注把这些事做到最好。

首先,创业时所选取的创业点一定要足够"小",做小做专,做什么产品,解决什么问题,面对什么样的用户,给用户创造了什么价值。

其次,还需要熟知政策法规。在创业中一定要走正路,切不可心存侥幸、不择手段,更不能触碰法律的底线,否则必然得不偿失。

最后,创业还需要有市场意识和危机意识。建议通过工作先了解商业、了解需求、积累经验之后再创业。创业是有风险的,不可能一帆风顺,刚毕业的学生实践能力和经营管理经验、市场意识都还欠缺。在时机尚未成熟之时,可先找一份适合自己的工作，积累工作经验，摸清市场需求，同时考量创业项目赢利的可能性，以便为自己创业打下坚实的基础。

创业很难，需要摆正心态，不是当了老板才叫创业，任何一个岗位，都可以是创业的开始，如果明确创业方向，打工就是资金、经验的积累过程，可以增加阅历，了解市场。这样的创业更实在，成功的可能性也更大。决定创业了，不但要选对路，还要学会坚持。敢于创业的学生一般都很自信，自信的人又常盲目乐观。往往由于没有充分的心理准备，他们一旦在创业中遭遇严重挫折和失败，就会变得消沉，这是学生创业者很容易陷进去的泥潭。学生创业在受到亲朋家人更多支持的同时，也应对家人和朋友负责，量力而为，不要辜负家人和朋友提供的支持。

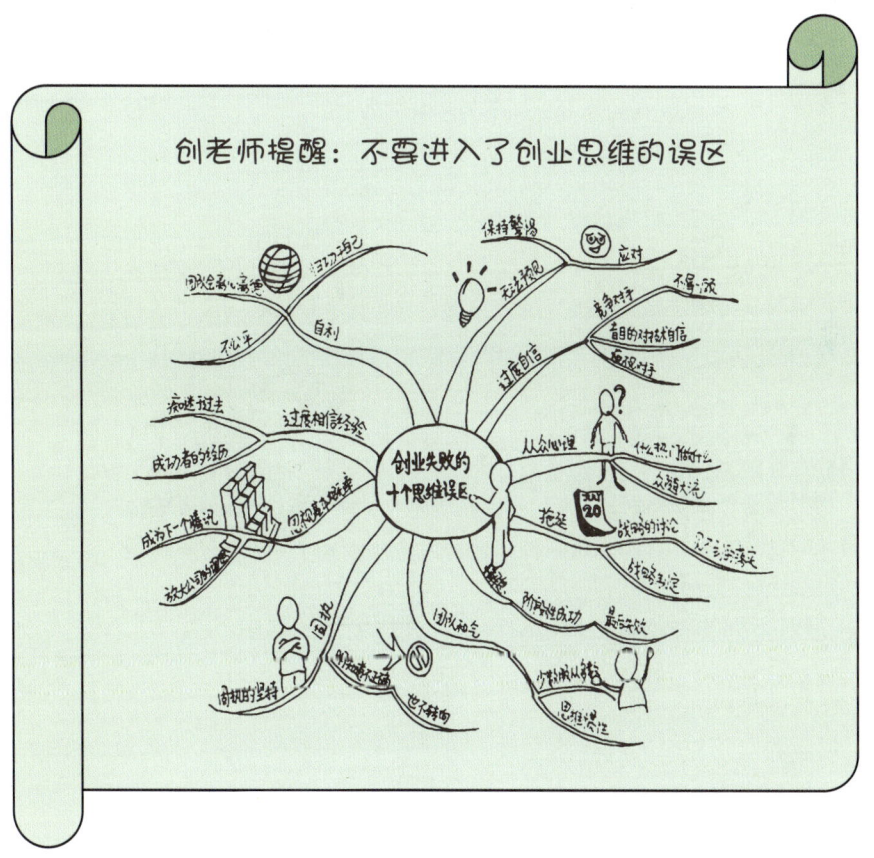

 **练习与检测**

一、列举你在生活中想问题时的思维定势。

二、说说下列 2 幅图各是哪种创业思维模式。

三、请对下列的观点做出自己的判断，并讲出你的理由。

1. 创业都是灵光一现产生的点子。
2. 创业的点子与个人的生活无关。
3. 思维定势会束缚人们的思考。
4. 不同的思维方式影响着人们思考的角度。
5. 创业思维是一种特定的思维方式。
6. 善于质疑有利于创业。

模块 1.3　产生创业动机

活动地图

创业讲堂　　　　　　　创业咖啡馆

　　　　创业工坊　　　　　　　创业模拟实验室

活动路径

学习目标

1. 学习创业动机产生的原因和过程。
2. 确定自己的创业动机。

 任务描述

学习了创业思维之后,创同学团队积极尝试运用创业思维,思考问题,大家都感觉受益匪浅。当各种创业的念头在脑海中闪现时,应去捕捉哪一个呢?在这次任务中同学们将学会如何确定自己的创业动机。

 任务实施

一、听创业故事

小冬的创业动机

小冬和他的合伙人住在上海嘉定区的一栋老式居民楼里,这里既是他的住所也是他创业的场所。在这里没有娱乐,没有家人、朋友,工作就是生活的全部。到底是什么样的力量在支撑着他的内心呢?

直到有一天创老师在不经意中看到了他以前的QQ签名:"为了能吃上饭寻一份兼职的工作,挣的钱够活下去就好,体力活也可以。这样我就可以继续做我喜欢的网页设计了。"

据小冬说在创业之初,资金严重不足。他们克服了种种困难,要求自己集中全部的力量专注于一点,做精做好一件事情。即使他们渺小得像白纸上的一个点那样,他们也有自己的追求,不甘心、不后悔、不向现实妥协。因为,创业虽然特别艰难,但让他们放弃做自己喜欢的事更难。

听完小冬同学的创业故事,同学们思考一个问题:小冬的创业动机是什么?是什么让小冬能够面对困难不倒下,锲而不舍,执着追求?

二、学创业之道

1. 全世界创业的失败率为 90% 以上,为什么?

有研究表明,国外的创业者,创业动机多数是"创意在先",或者说"感觉到市场上存在某种需求",他们想通过创办企业来达到这一目的;而很多国内的创业者相对来说有些"动机不纯",最常见的三个创业理由是"想当老板""想赚钱"和"还没想好干什么,先成立公司再说"。

创业能否成功,在于能否为客户创造价值。上面的这些国内创业者的创业动机,没有一个和客户价值有关。当然从想赚钱这个动机出发,寻找能给客户带来价值的事开始创业,也是正确的。

2. 为什么自发的学习所需技能和知识是一种务实的创业行为?

有目的的创业者,都有明确动机,也会展现出少见的务实效率。

古希腊有一则寓言,一群年轻人到处寻找快乐,但是,却遇到许多烦恼、忧愁和痛苦。他们向哲学大师苏格拉底询问,快乐到底在哪里?苏格拉底说:"你们还是先帮助我造一条船吧!"年轻人们暂时把寻找快乐的事情放到一边,找来造船的工具,用了七七四十九天,锯倒了一棵又高又大的树,挖空树心,造成了一条独木船。独木船下水了,年轻人们把老师请上船,一边合力荡桨,一边齐声唱起歌来。

苏格拉底问:"孩子们,你们快乐吗?"

年轻人们齐声回答:"快乐极了!"

苏格拉底说道:"快乐就是这样,它往往在你为着一个明确的目标忙得无暇顾及的时候突然来访。"

从上面的故事我们可以看出,目标并不一定要很高远,大多数人都只有很平凡的目的,但你必须要有实际行动,当你专注一件事时,才有可能产生超乎自己想象的结果,享受到其中的快乐。

3. 为什么创业要确定目标?

不论是什么原因创业、目标是什么,一定要写出来,不要只是想,因为想的会很模糊,当你"写"下了目标,你的生活重心、思考方式、花钱的方式等,都会绕着这个目标改变。这就像很多人总是说"我想要很有钱",但一直没有富有起来,因为只有想并没有做,而且也没有一个精确的目标,于是几十年来也都只在想的阶段。

有句广告语说:"just do it!",让我们现在开始吧!

三、边学边问

为了深入地学习并找到真正的创业动机,创老师打开了创业动机这部分的PPT,同学们边学边问。

创业讲堂

创 业 动 机

目标、愿望和动机的概念

生活中我们往往把目标、愿望和动机三个词混淆,实际上它们是有区别的:

目标是想要达到的境地或标准。人每天有多个愿望,达到多个目标。例如,享受一本好书、看一场电影、买一份好礼物,我们认为它往往是短期的、眼前的。

愿望是对一种事物的美好希望、设想与期待。如你想成为怎样的一个人?愿望应该是有意义的,对这世界或其他人有帮助的,它表现出来是长期的,当前看不见的。

动机是为达到目标或实现愿望的具体动因,它是目标或愿望产生的最原始的驱动力。例如:"我学习并非因为家长和老师要我学,而是因为我真的很在乎,想学会。"

创同学:

老师,愿望就是我们所讲的梦想吗?

创老师:

愿望比梦想更具体,表现出个人对事物发展的一种期许,愿望有大有小,眼前正在发生的事,人们对它的发展有一个希望的方向和大致结果,如果是非常具体的愿望,我们就称之为目标。

创老师接着给同学们讲了一些重要的问题:

1. 分清目标、愿望和动机的意义

为什么要分清这些呢？在现实的功利社会中，人们往往会把目的性很强的短期目标当作是愿望，例如，我要拥有一部最时尚的手机，开一辆很炫的车，这些短期的目标并不是人生的终极目的，因为它们不会带给你那种"完成一件对世界有意义的事"的成就感。当然，目标和愿望可以同时并行，比如你可以开发一个APP，可以实现赚钱的目标，也可以帮你实现"让大家生活得更便利"的人生愿望。当我们树立了愿望，就会产生行为的动机，它让我们全身心投入，去学习、努力、行动，完成那些目标。

创同学：

我是否可这样理解：学长钟传新，他的学习动机就是"我喜欢视觉艺术，我愿为能表达我的视觉创意而不断地学习各种知识和技能"。

创老师：

对的，有了愿望，就有了可以持续学习下去的动力，不仅为了参加考试和完成某个作品，而是为了学得更好，才能长期地努力下去，这是最重要的。所以说，愿望产生动力，行动的过程中也会实现很多目标。

2. 如何找到自己的人生目标？

人的愿望，随着生活环境的变化或阅历的增加，可能会不断改变。但是，一个真正的愿望，至少要持续一段时间，时间长到你能兑现你的承诺，至少完成一些事情。你从中积累了一些经验，提升了一些能力，就可以开始树立另一个愿望。

长期的愿望就是人生目的，寻找人生目的需要思考一系列问题，才能确立。目的是一连串"为什么"的组合。厘清目的，要清楚地回答"为什么我正在做这件事"，"为什么这件事很重要"，"为什么它对我和我以外的世界都很重要"。

创老师打开了新的一张PPT说，要回答这些问题，可以试着先问问自己。

> 创业者一定要问自己的问题：
> 1. 我对什么有兴趣？我做什么最享受？什么会让我与众不同？
> 2. 我最擅长什么？我的才能在哪里？
> 3. 别人需要什么？有哪些问题、机会，可以让我帮到他人？

创老师接着说：这张 PPT 中的问题创业者一定要问自己，缺一不可。创老师的一席话引起了同学们的沉思，大家心里都反复揣摩这张 PPT 上的这几个看似简单却又很难一下明确回答的问题。

3. 为什么说动机是创业的力量源泉？

你为什么要创业呢？请看以下回答：

创业者 A：早上起床真痛苦，实在不想上班。

创业者 B：创业是因为我想做点事情。

创业者 C：我向往自由的生活。

看来，不同的人有不同的创业动机。

动机，在心理学上认为涉及行为的发端、方向、强度和持续性。动机具有激活、指向、维持和调整功能，是一个人能动性的内驱力，它具有发动行为的作用，能推动一个人产生某种活动，从静止状态转向活动状态。例如：法庭上常常强调嫌疑人的作案动机，也就是说，一个人没有动机他是不会做这件事的。

你为什么要创业？对于这个问题，想创业的人在创业伊始必须要想清楚。有些创业者是因为没有实现就业愿望，或者工作岗位不理想，而被动地选择创业。被动创业是最危险的，因为你是被逼无奈的，抱着试试看的态度，或者赌一把的态度，这是创业者的大忌。

马云说当年在领导的身上看见了自己以后的样子——每天骑着自行车，去拿牛奶，买菜。他渴望换一种生活方式，不想过一眼就看到了自己人生尽头的生活，然后马云就出来创业了。

创同学：

为什么我们也看到不少被动创业者获得成功了呢？

创老师：

被动创业在现实中有不少，但在创业过程中如果一直是被动的话，成功的可能性很小。创业中会遇到很多困难，没有强大的创业动力，创业者往往就会退缩，只有主动创业者对创业有着强烈的动力，才会有战胜困难的决心和勇气。的确，有不少创业者开始是被动创业，但在创业过程中对创业的认识逐步发生转变，由被动创业转向了主动创业。

4. 为什么说仅为赚更多钱而创业容易失败？

马云说，很多人创业的目的不同，而我创业的目的就是为了让自己的生活有所改变。

如果你创业仅仅是为了赚钱，让自己的生活过得更好些，这样的创业往往经受不住严峻的考验，也可能不会持久，因为一旦你有了钱之后，或者一旦你赚不到钱之后，可能就会任性，会令你功亏一篑。艰难时刻考验的就是创业者最根本的创业动机和理念。纯粹为赚钱的，会及时止损并拂手而去，更高创业理想的人才能坚持忍耐并修正方向直至成功。

创同学：

创业不要赚钱吗？

创老师：

科尔（Cole）把创业定义为：发起、维持和发展以利润为导向的企业的有目的性的行为。所以创业当然要赚钱，取得利润是维持创业企业生存下去的条件，但把赚钱看作是创业唯一的目的，你的创业会走入歧途，短期的逐利会促使企业经营采取短期行为，对创业企业的发展不利，所以创业不是不要赚钱，是不能把赚钱当成企业创业唯一的目的。

5. 为什么让你欲罢不能的事往往是创业之源?

真正的创业,是从零开始的异军突起。创业存在极大的不确定性,你不知道自己的脚下是泥土还是沼泽,你不知道前面的鸟叫是成功的呼唤还是致命的诱惑,那么,什么才是最靠谱的创业动机呢?

Facebook创始人的答案是:只有"这个产品不得不做"的冲动,才是真正的创业理由。"The best reason is you can't not do it"——最好的理由就是,你不能忍受自己不去做这件事。

说到底,怎么样才算是对的创业?那就是:选择一个问题去解决,这个世界需要你去做,你是解决这个问题的最佳人选。只有这样的创业动机,你才会有归属感、才有激情去面对困难,无论如何你都会想办法完成,这样你才能坚持5年、10年,乃至15年做出一个伟大的企业。

这样的创业者对产品能保持着持续不减的热情,对创意与产品的热情非常重要,因为只有热情,才能排除创业路上的各种艰难险阻,让创业者支撑下去。同时,创业者的热情也会感染、激励、感召周围的人,吸引他人心甘情愿地加入创业团队,这是创业成功的关键要素。

创同学:

创业的根本动力是什么?

创老师:

是兴趣,是对一件事非常浓厚的兴趣,这种兴趣会让你全身心地投入并乐此不疲。

四、边做边学

通过前几次的学习和研讨,创团队的同学们逐步有了自己的想法,在2015年的上海市商贸旅游学校的营销节上,营销专业的格子铺店王鹏与隔壁珠宝鉴定专业的同学因为销售的事情而结缘。珠宝鉴赏及创意设计社团的同学在营销节上拿出了他们的拿手作品,这一个个栩栩如生的精美手工制作,非常惹人喜爱,"产品不错,可如何让人来买呢"?这成了他们的心病,这件事被过来聊天的王鹏知道了,他拿了格子铺的宣传册子，鼓励大家把产品寄放到格子铺，由营销专业的同学负责销售。同学们试了一试，别说，效果还真不错，营销节期间就卖出了近万元的作品。

营销节之后王鹏联合本专业的郭晶同学、珠宝鉴赏及创意设计社团的杨冰冰、马铭洋和张昊娟3位同学，创立了"海洋之心创意工作室"，依托微信公众号、微店、京东众筹等平台推广、销售学生个性化设计、纯手工打造的饰品，同时提供个性化手工制作培训和制作素材的销售。他们将这种想法写了一份申请交给创老师。

"海洋之心创意工作室"筹建设想

近年来，手工创意制品在社会上渐渐流行起来，小到钥匙扣、卡套，大到靠垫、拎包，从女生头上的发饰到宿舍床上的"抱抱"，越来越多的人开始喜欢自制的手工艺品。创意成为了彰显个性、引领时尚的潮流。在学校，很多女生都喜欢利用业余时间制作十字绣、围巾等手工制品。每当教师节、母亲节到来时，学生们也经常把自己亲手制作的礼物作为心意送给老师和长辈。送礼的话，如果能给对方亲手做一份礼物是件很让人感动的事情，可以很好地解决送收二者对礼物喜好偏差的问题。学校内外的小卖部、附近的饰品店都会出售各种各样的手工制品的原材料，很受学生们的青睐。但是这些材料大多品种单一、缺乏个性和新意，有些则价格昂贵，超出了普通学生的承受范围。

我们打算从事四种类型的产品和服务，一是来自本校学生已制作的个性化手工制品，学生根据自身的兴趣爱好及特长制作的具有个性化的产品均可通过我们的平台进行销售。二是学生的概念设计产品，这一部分产品仍处于概念设计阶段，并没有进入实际制造，我们将通过众筹平台来销售这一类产品，根据众筹数量制作相应数量的成品。三是个性化手工产品制作培训，我们将主要通过线上的形式发布免费的视频教程，并通过线上店铺出售制作素材。消费者可以从我们的店铺购买素材结合视频教程亲自制作手工艺品。这是我们的创业设想，望学校予以支持。

创老师看到同学们有这么高的积极性，由衷感到高兴，看来大家一步一步地走上了创业之路。有的时候一个动机，会产生一个创业项目，只要同学们学会做个有心人，创业机会就无处不在。

创主任提示：

创业之路漫长而又艰苦，如果没有事业心，创业者很难坚持，也难以感染团队。如果老板只想着赚点钱，团队也是短期考虑，赚一笔钱就走。他们的行为方式就变了，不会有长期发展的心态，可能连游戏规则也不遵守了。所以单纯为赚钱，趁早打消创业念头。

五、聊创业动机

年轻就要勇于试错——钟传新

为了追求独立和自由——顾菁

改变命运——都卫俊

做自己的雇佣者——艾金华（曾就读于上海市某中职学校，现为超市项目创业者）

不等机会自己创造机会——毕涛（曾就读于上海某中职学校，现为马场项目创业者）

因为热爱，所以追求，创业是我热爱的方式——邓明杰（曾就读于上海某中职学校，现为艺术品经营项目创业者）

 练习与检测

一、请阅读下面案例，然后回答问题。

盖茨和微软，创造了20世纪最美丽的神话，吹响了信息经济时代最嘹亮的号角，尽管在这个过程中充满了掠夺和不平等的残酷竞争。盖茨是魔鬼，还是天使，微软是新科技的缔造者，还是商业规则的破坏者，现在还没有谁能下一个准确的结论，但有一点是毋庸置疑的：盖茨不是靠幸运取得成功的，微软也不是建立在偶然基础上的软件帝国，盖茨是电脑天才，但更是一个经营和管理天才，他在微软的创立和成长壮大中付出的心血和汗水，他非凡的事业心和进取心，他高瞻远瞩的眼光和异常敏锐的市场嗅觉，是任何一个人都无法超越的。盖茨和微软，都将是永远的……

盖茨是为电脑而生的，而他也把电脑带入到了一个美丽的新世界……

比尔·盖茨出生于华盛顿州西雅图市，自小家境富裕，他的父亲威廉·盖茨（William H. Gates Ⅱ）是一位杰出的律师，母亲是华盛顿大学校务委员。为了让孩

子接受良好的教育，少年时代盖茨的双亲便将盖茨送进管教严格的西雅图湖滨私立中学就读，也就是在这里盖茨发现了一生事业的重心——电脑，也遇见了未来的工作伙伴保罗·艾伦（Paul Allen）（后来和盖茨一起创立了微软公司）。

盖茨进入湖滨中学之后迷上了电脑，从此就无心上其他课，每天都泡在计算中心。从8年级开始，盖茨便利用闲暇时间和同学一起帮人设计简单的电脑程序，以此赚取零用钱。根据盖茨自己陈述："我在十三岁时就写了我的第一个软件程序，我拿它来玩井字游戏。当时我所用的电脑体积庞大、笨重、速度缓慢而且相当'不听话'。"盖茨的好朋友保罗·艾伦回忆说，"我们当时经常一直干到三更半夜，我们爱死了电脑软件的工作，那时候我们玩得真开心"。

盖茨说："那时候，艾伦常常把我从垃圾桶上拉起来，而我却继续趴在那里不肯起来，因为在那里我找到一些上面还沾着咖啡渣的程序设计师的笔记或字条，然后我们一起对着这些宝贵的资料研究操作系统。"

盖茨上9年级的时候，TRW公司的工程师在架设西北输电网络时遇到了问题，一筹莫展。这时候，他们发现了湖滨中学计算中心的一份《问题报告书》，当场打电话给制作这份报告的两位"侦测错误大师"（盖茨和艾伦），希望他们两人能来帮助排除问题。但他们压根没有想到，这两位"大师"居然只是9年级和10年级的学生！

1973年夏天，盖茨以全国资优学生的身份，进入了哈佛大学一年级，在那里他与Steve Ballmer住在同一楼层，后者目前是微软公司总裁。

在哈佛，他仍然无法抵抗电脑的诱惑，于是就经常逃课，一连几天待在电脑实验室里整晚整晚地写程序、打游戏。

1975年冬天，盖茨和艾伦从MITS的阿尔它（Altair）机器得到了灵感，看到了商机和未来电脑的发展方向，于是他们就给MITS创办人罗伯茨打电话，说可以为阿尔它公司提供一套BASIC编译器。罗伯茨当时说："我每天都收到很多来信和电话，我告诉他们，不论是谁，先写完程序的就可以得到这份工作。"于是盖茨和艾伦回到哈佛，从一月到三月，整整八个星期，他们一直待在盖茨的寝室里，没日没夜地编写、调试程序，他们几乎都不记得寝室的灯几时关过，最后，他们终于成功了，两个月通宵达旦的心血和智慧产生了世界上第一台微型计算机——MITS Altair的BASIC编程语言，MITS对此也非常满意。

三个月之后，盖茨敏感地意识到，计算机的发展太快了，等大学毕业之后，他可能就失去了一个千载难逢的好机会，所以，他毅然决然地从哈佛三年级退学了。他深信个人计算机将是每一部办公桌面系统以及每一家庭的非常有价值的工具，并为这一信念所指引，从此开始为个人计算机开发软件。

很快，盖茨与艾伦迁往阿尔它公司所在地新墨西哥州阿尔布奇市（Albuquerque），正式创立微软公司（Micro-soft），当时盖茨才19岁。1977年，苹果、康懋达（Commodore）和 Radio Shack 进入个人电脑市场，微软提供 BASIC 给大多数早期的个人电脑，当时 BASIC 是最重要的学习软件。根据盖茨自己描述："在微软草创的前三年，其他的专业人员大多致力于技术工作，而我则负责销售、财务和营销计划……我每把 BASIC 卖给一家公司，就多一份信心。"就这样，在低价授权、以量制胜的方式促销下，微软 BASIC 很快成了电脑产业的软件标准，当时几乎每一家个人电脑制造商都会使用微软授权的软件。1979年，盖茨将公司迁往西雅图，并将公司名称从"Micro-soft"改为"Microsoft"。

问题：
1. 比尔·盖茨为什么会创建微软？
2. 是什么令比尔·盖茨要休学创业？

二、请对下列的观点做出自己的判断，并讲出你的理由。

1. 创业就是为了赚钱。
2. 创业要做自己感到快乐的事。
3. 愿望产生动力。
4. 动机是创业的力量源泉。
5. 创业与赚钱不能并存。
6. 创业的根本动力是兴趣。

三、进行一次小组讨论，畅谈各自的创业动机。

四、在经过反复思考后，写下你最终的创业动机。

模块 1.4　开启创业之门

活动地图

创业讲堂　　　创业模拟实训室

创业工坊

活动路径

创业成就梦想

 学习目标

1. 做好创业准备。
2. 开启自己的创业之门。

 任务描述

通过几次学习和活动，创同学团队各自都有了自己的创业想法，他们将这些想法写成了建议发给创老师，创老师看后为同学们的积极性而感到高兴，但也感到同学们要想创业还要有更加专业的知识。于是决定，这次的创业学习任务就是让同学们通过学习做好创业准备。

 任务实施

一、听创业故事

今天的创业讲堂，一起来听听郑震同学的创业故事吧。

认识自己发挥所长

郑震，上海市城市科技学校2010届电子与信息技术专业毕业生。在校期间，他虽然不是班里的学习尖子，但也是班里的活跃分子，总是积极参加各种校园活动，提高自己的综合能力。

一直想自主创业的郑震，因为家人有做钢材市场生意的，凭着自己对电子商务的熟悉，很想开一家钢材贸易公司。2009年9月，在家人的帮助和支持下，在学校和老师的关心下，他向银行贷款成立了上海本佳金属材料有限公司，成为一家小规模公司的法人代表，专门从事网上钢材批发和销售，最初的公司人员只有5名。

创业初期，自认为从小耳濡目染生意环境、有一点生意头脑的郑震，雄心勃勃，但却屡次受挫，很多事情想得很好，实施起来却很难，公司有货但接不到订单，好不容易接到订单，又找不到货源。郑震深深地感觉到前所未有的压力，几乎有了打退堂鼓的想法。但他不是一个轻易认输的人，郑震选择了坚持，经过不断地反思和总结，虚心向老师和朋友们学习电子商务的知识，2011年公司业务逐

> 渐走上正轨，目前公司已有 10 名员工，钢材销售和批发的经营区域由原来的无锡市拓展到江苏省各城市，业务量不断增加，公司也开始赢利。
>
> 现在，郑震又为公司制定了新的发展规划，他的目标是：在五年内将经营区域由原来的江苏省延伸到浙江省，业务量增加两倍，经营利润翻番，同时进军汽车维修和装潢领域。

同学们七嘴八舌，有的说是因为郑震同学懂专业，有的说是因为郑震同学有关系，面对着大家看法不一，创老师开讲了……

二、学创业之道

创老师从古希腊的一句名言讲起。数千年前，在古希腊特尔斐神庙的大门上铭刻着这么一句话：认识你自己。

事实上，无论是创业成功还是职场得意，成功人士都有自知之明，他们知道什么东西适合自己，而且知道自己能够做什么和不能够做什么。

想创业，首先要理性地认识自己。那么应怎样认识自己呢？可试着问问自己：我是谁，我拥有什么，我想成为怎样的人。

1. 你认识你自己吗？

"我是谁？"具体来说包括你的兴趣、技能和个性。兴趣是指那些能让你感到兴奋的事物，这一点或许是你最宝贵的资源，因为兴趣是催生满足感的动力，它会决定你的与众不同之处；技能是你的第二大资源，它也包括两方面：能力素养与技术水平，能力素养是指人在才能方面的先天条件和后天养成的结果，即做起来比别人感到轻松的事情，如空间感知能力、统筹运算能力、沟通协调能力等，这些会在很大程度上决定你的学习效率，而技术水平则是指在某个专业领域的专业水准，是通过学习和大量实践后习得的能力；个性是体现你内在个人特征的因素，比如说你是外向型还是内向型，你觉得自己性格直爽还是情商够高，你是喜欢安静独处还是更喜欢跟一群朋友在一起等，个性决定了你喜欢的工作方式以及和人打交道的方式，创业对创业者个人来讲，很大程度上是在做自己认为对的事情，和自己喜欢的人在一起。

2. 想想你拥有什么？

"我拥有什么？"具体来说包括你所有有形和无形的资源或资产。创业者资源，可分为外部资源和内部资源两种。内部资源主要是创业者个人的知识技能、其所拥有的生产资料、技术能力资源等。拥有一份良好的内部资源，对创业者个人来说无疑是重要的。外部资源主要是指创业者所拥有的销售渠道、合作关系、客户群体等帮助企业运营的资源。对创业者来讲外部资源同样是不可或缺。

看着同学们都听得入神，创老师打开了PPT给大家讲解创业准备的有关问题。

三、边学边问

创业讲堂

创业准备

（一）创业者需要什么素质？

创业是极具挑战性的社会活动，是对创业者自身智慧、能力、气魄、胆识的全方位考验。一个人要想创业成功，必须具备基本的创业素质。

总结创业成功者的创业历程，创业者基本素质包括创业意识、创业心理品质、创业精神和创业能力素质。

创同学：

创业准备方面政府是不是已经为我们做好了？

创老师：

当下，我国正面临着经济和社会发展转型升级的新常态，急需一大批创新创业人才，为此，从中央到地方，都出台了一些鼓励青年学生创新创业的优惠政策，为一些具有创新创业潜力的学生铺路搭桥，鼓励他们创新创业。这里要提醒同学们，政府有一系列的扶持创业政策并不意味着创新创业可以急功近利，也并不是号召人人都盲目投入到创新创业中。对青年学生而言，理性地认识自己，比盲目投身创新创业的大潮中更为重要。

> **创业讲堂**
>
> （二）你是否拥有强烈的创业意识？
>
> 要想取得创业的成功，创业者必须具备自我实现、追求成功的强烈的创业意识。

创同学：

为什么创业意识这么重要？

创老师：

创业意识是指人们从事创业活动的强大内驱动力。在强烈的创业意识的推动下，帮助创业者克服创业道路上的各种艰难险阻，将创业目标作为自己的人生奋斗目标。创业的成功是思想上长期准备的结果，事业的成功总是属于有思想准备的人，也属于有创业意识的人。

> **创业讲堂**
>
> （三）为什么创业者需要具备良好的心理品质？
>
> 因为创业之路是充满艰险与曲折的，自主创业就等于是一个人去面对变化莫测的激烈竞争，还要应对随时出现的需要迅速解决的问题和矛盾，创业者需要具有非常强的心理调控能力，能够持续保持一种积极、沉稳的心态，所以创业者具有良好的心理品质很重要。

讲解完PPT，创老师感觉到同学们仍有困惑，于是又通过一个故事进行了深入解释。

创老师：

从前，一位农夫的一头驴不小心掉进枯井里，农夫绞尽脑汁想要救出驴子，几个小时过去了，驴子还在井里哀号着。最后，农夫决定放弃，他想这头驴子已经老了，不值得

大费周折地把它救出来,但是不管如何井是一定要填起来的。于是农夫就找邻居帮忙,打算一起将井里的驴埋了,以免除驴的痛苦。大伙人手一把铲子,开始将泥土铲进井里。当这头驴意识到自己的处境时,刚开始叫得很凄惨。但出人意料的是,一会儿它安静下来了。大家好奇地往井底一看,出现在眼前的情形令他们大吃一惊:当铲进的泥土落到驴的背部时,它将泥土抖落一旁,然后站到泥土堆上面。就这样,驴一步一步地上升到井口,然后,在众人的惊讶中快步跑开了。

这个故事中的驴得以生存下来,在于它在危机之时没有气馁。正因为创业之路不会一帆风顺,所以,如果不具备良好的心理素质、坚韧的意志,一遇挫折就垂头丧气、一蹶不振,那么,在创业的道路上是走不远的,只有处变不惊的良好心理素质和越挫越勇的顽强意志,才能在创业的道路上自强不息、竞争进取、顽强拼搏,才能从小到大,从无到有,闯出属于自己的一番事业。创业者的个性心理特征,包括自我意识、性格、气质、情感等。它与人固有的气质、性格有密切的关系,主要体现在人的独立性、敢为性、坚韧性、克制性、适应性、合作性等方面,它反映了创业者的意志和情感。作为创业者,他的自我意识特征应为自信和自主;他的性格应刚强、坚持、果断和开朗;他的情感应更富有理性色彩。

创业讲堂

(四)什么是创业应有的品质和精神?

是自信、自强、自主、自立,因为拥有这些品质和精神,创业者才能够不以物喜,不以己悲。面对成功和胜利不沾沾自喜,不得意忘形;在碰到困难、挫折和失败时不灰心丧气,不消极悲观。创业的成功在很大程度上取决于创业者的创业心理品质。这些品质和精神,也决定了创业者能否具有独立经营一家企业的能力。

创同学：

老师能否深入地解释一下自信、自强、自主、自立与创业的关系？

创老师：

自信就是对自己充满信心。自信能赋予人主动积极的人生态度和进取精神。不依赖、不等待。要成为一名成功的创业者，必须坚持信念如一，拥有使命感和责任感；信念坚定，顽强拼搏，直到成功。信念是生命的力量，是创立事业之本，信念是创业的原动力。要相信自己有能力、有条件去开创自己未来的事业，相信自己能够主宰自己的命运，成为创业的成功者。

自强就是在自信的基础上，不贪图眼前的利益，不依恋平淡的生活，敢于实践，不断增长自己各方面的能力与才干，勇于使自己成为生活与事业的强者。

自主就是具有独立的人格，具有独立性思维的能力，不受传统和世俗偏见的束缚，不受舆论和环境的影响，能自己选择自己的道路，善于设计和规划自己的未来，并采取相应的行动。自主还要有远见、有敢为人先的胆略和实事求是的科学态度，能把握住自己的方向，直至达到成功。

自立就是凭自己的头脑和双手，凭借自己的智慧和才能，凭借自己的努力和奋斗，建立自己的生活和事业。

创业讲堂

（五）创业者为什么需要培养创业能力？

创业者在创业过程中体现出来的能力，称为创业能力，包括决策能力、经营管理能力、专业技术能力与交往协调能力。创业不是引"无源之水"，栽"无本之木"，每一个人创业，都必然有其凭借的条件，也就是其拥有的资源。没有资源，怎样获得；有了资源，怎样发挥好，这就要看创业者的个人能力。

创同学：

创业的核心能力是什么？

创老师：

创业能力的高低是由个人的核心能力来决定的。不仅是创业，从事任何职业都需要发展个人的核心能力。核心能力可分为方法能力和社会能力两大类：方法能力主要指独立学习、获取新知识新技能和处理信息的能力。方法能力包括：自我学习、信息处理、数字应用等能力；社会能力是指与他人交往、合作、共同生活和工作的能力。社会能力既是基本生存能力，又是基本发展能力，它是劳动者在职业活动中，特别是在一个开放的社会生活中必须具备的基本素质。社会能力包括：与人交流、与人合作、解决问题、革新创新、外语应用等能力。

当然，这并不是要求创业者必须完全具备这些素质才能去创业，但创业者本人要有不断提高自我素质的自觉性和实际行动。提高素质的途径有：一靠学习，二靠实践。要想成为一个成功的创业者，就要做一个终身学习者和不断实践不断改进的人。

四、边学边做

同学们的创业兴趣越来越浓厚，创团队中烹饪专业的学生也行动了起来，他们按照创老师的要求交来了一份创业意向报告书。

"聚优厨"意向书

随着互联网的发展，许多互联网＋餐饮的服务逐渐走进人们的生活，很多吃货已经不满足于普通的餐厅用餐体验，对于上门送餐，人们已经习以为常，已经开始通过软件寻找美食来满足味蕾的个性化需求。同时，随着收入水平和对于健康认知的提高，人们越来越追求饮食的健康和质量，以及定制化的服务。"聚优厨"

创业项目源于天然、绿色、健康的饮食理念，烹饪专业的学生利用移动互联网和大数据技术，搭建 P2P 共享平台，基于对上海市消费者需求的认知，为追求餐饮品质人群提供私人定制餐饮服务，将优秀厨师或者厨师团队和客户对接，满足客户个性化的健康饮食需求。

为此，我们五位同学（史淼、张皓、杨杰铭、郑李佳、何静）有意向在学校发起在校生"聚优厨"项目。

"聚优厨"的这份创业准备报告单虽然还很不具体，但是让创老师看到了同学们学习的进步，看来创团队同学面前的创业之门已经开启，随着学习的深入，同学们一定会有更大的进步。

练习与检测

一、测一测你的创新能力。

请你选择是或不是。

1. 即使是十分熟悉的事物，你也常用陌生的眼光看待它。A. 是　　B. 不是
2. 你评价资料的标准，首先是它的来历而不是它的内容。A. 是　　B. 不是
3. 工作中，即使遇到困难和挫折也不会动摇你的意志。A. 是　　B. 不是
4. 从来不做那些自寻烦恼的事情。A. 是　　B. 不是
5. 聚精会神工作时，常常忘记时间。A. 是　　B. 不是
6. 特别关心周围的人怎么评价自己。A. 是　　B. 不是
7. 最愉快的事情是对某个问题深思熟虑、精推细敲。A. 是　　B. 不是
8. 不认为灵感能揭开成功的序幕。A. 是　　B. 不是
9. 对周围的新事物感到好奇，一旦产生了兴趣就很难放弃。

A. 是　　B. 不是

10. 遇到问题能从多方面探索它的可能性，而不是拘泥于一条路。

A. 是　　B. 不是

11. 如果你打破固有的理念、行为方式、秩序或者体制，就不能经历更好的模式。

A. 是　　B. 不是

12. 那些没有报酬的事，你从来都不想干。A. 是　　B. 不是
13. 你对工作过于热情，当一项工作完成之后总有兴奋感。A. 是　　B. 不是

14. 你认为按部就班、循序渐进才是解决问题最正确的方法。
A. 是　B. 不是
15. 你宁愿单枪匹马，也不愿很多人搅在一起。A. 是　B. 不是
16. 和朋友讨论问题时，你宁可放弃自己的观点也不会使朋友难堪。
A. 是　B. 不是
17. 你所关心的是"是什么"？而不是"为什么"？A. 是　B. 不是
18. 你总觉得你还有潜力。A. 是　B. 不是
19. 你不能从他人的成就中发现问题、吸取经验和教训。A. 是　B. 不是
20. 你觉得接受他人的建议比说服他人接受建议更重要。A. 是　B. 不是

评分标准

- 每题2分。单号选择"A"的得2分，双号选择"B"的得2分。
- 得分在20分以下的，创新能力较弱。
- 得分在20~36分的人，创新能力属中等。对事物判断讲究现实，习惯采用现有的方法与步骤考虑和处理问题，这虽说比较保险，但难有较大的成就。思维灵活性是创新能力的基础，你不妨做些自我训练，或许在恰逢机遇时可显示出你的才能。
- 得分在36分以上的人，是一个创新能力很强的人。有着将思考结果加以实现的能力，这是最大的优势。如果现在的你已经有所成就，要戒骄戒躁；如果暂时还没有成就也不要急，只要努力总会在某些方面崭露头角。

二、测一测：你是否适合创业？

美国创业学会有一套精简的创业者测评试题，可以用于进行自我测评。样题如下：

1. 在急需作出决策的时候，你是否在想："让我再考虑一下吧！"
经常（　）有时（　）很少（　）从不（　）
2. 你是否为自己的优柔寡断找借口说："是应慎重考虑，怎能轻易下结论呢？"
经常（　）有时（　）很少（　）从不（　）
3. 你是否为避免冒犯某个或几个有相当实力的客户而有意回避一些关键性的问题并表现得曲意奉承呢？
经常（　）有时（　）很少（　）从不（　）

4. 你是否无论遇到什么紧急任务，都先处理繁琐的日常事务？

经常（   ）   有时（   ）   很少（   ）   从不（   ）

5. 你非要在巨大的压力下才肯承担重任吗？

经常（   ）   有时（   ）   很少（   ）   从不（   ）

6. 你在决定重要的行动计划时常忽视其后果？

经常（   ）   有时（   ）   很少（   ）   从不（   ）

7. 你是否无力抵御或预防妨碍你完成重要任务的干扰与危机？

经常（   ）   有时（   ）   很少（   ）   从不（   ）

8. 当你需要做出可能不得人心的决策时，是否找借口逃避而不敢面对？

经常（   ）   有时（   ）   很少（   ）   从不（   ）

9. 你是否总在快下班时才发现有要紧事要办，只好晚上加班？

经常（   ）   有时（   ）   很少（   ）   从不（   ）

10. 你是否因不愿意承担艰苦任务而寻找各种借口？

经常（   ）   有时（   ）   很少（   ）   从不（   ）

11. 你是否常发生来不及躲避或预防困难的情形？

经常（   ）   有时（   ）   很少（   ）   从不（   ）

12. 你总是拐弯抹角地宣布可能得罪他人的决定？

经常（   ）   有时（   ）   很少（   ）   从不（   ）

13. 你喜欢让别人替你做自己不愿做的事吗？

经常（   ）   有时（   ）   很少（   ）   从不（   ）

评分标准与计分：

"经常"4分，"有时"3分，"很少"2分，"从不"1分。

然后将所得各题分数累计相加。

若得分在15～29分，说明你是一个高效率的决策者和管理者，更会是一个成功的创业者；

若得分在30～39分，说明你在大多数情况下充满自信，但有时犹豫不决。不过犹豫又是稳重和深思熟虑的表现；

若得分在40～49分，说明你不算勤勉，应彻底改变拖沓、效率低的缺点，否则创业只是一句空话；

若得分50分以上，说明你目前的个人素质与创业者相去甚远，需用心培养和锻炼。

如果创业者对自己有了一个比较客观的认识，再结合自身所处的内外部环境，对于能否创业，是否现在创业就会有一个比较清醒的认识。

三、测一测你的沟通能力。

回答下列问题，测评你的沟通能力。

选项：1. 从不　　　2. 有时　　　3. 经常　　　4. 总是

1. 我适时地把适当的信息传递给合适的人。　　　　　　1　2　3　4
2. 在决定该如何沟通前，我认真思考信息内容。　　　　1　2　3　4
3. 我表现出自信，讲话时信心十足。　　　　　　　　　1　2　3　4
4. 我希望对方就我的沟通提供反馈。　　　　　　　　　1　2　3　4
5. 我注意聆听并在回答前检查我的理解是否正确。　　　1　2　3　4
6. 评价他人时，我努力排除各种个人成见。　　　　　　1　2　3　4
7. 会见他人时，我态度积极、礼貌周到。　　　　　　　1　2　3　4
8. 我及时向他人提供他们需要与想要的信息。　　　　　1　2　3　4
9. 我利用单独见面的机会检查员工的表现并辅导他们。　1　2　3　4
10. 我通过提问了解他人的想法以及他们的工作进展。　 1　2　3　4
11. 我分发书面指示以提供关于某一任务的所有相关信息。1　2　3　4
12. 我运用专业的电话技巧改进沟通。　　　　　　　　 1　2　3　4
13. 我通过所有可以利用的电子媒介进行沟通。　　　　 1　2　3　4
14. 我把写文章的规则应用到外部与内部沟通中去。　　 1　2　3　4
15. 会见、调查或作会议记录时，我使用有效的记录方法。1　2　3　4
16. 写重要信件或文件时，在定稿前我常征求可信赖的批评者的意见。
　　　　　　　　　　　　　　　　　　　　　　　　 1　2　3　4
17. 我运用快速阅读技巧来提高工作效率。　　　　　　 1　2　3　4
18. 做演讲前，我认真准备并多次试讲，演讲取得了成功。1　2　3　4
19. 进行内部培训时我发挥着明显的积极作用。　　　　 1　2　3　4
20. 我安排的大型会议已达到了专业水平。　　　　　　 1　2　3　4
21. 我用软性和硬性推销技巧说服他人接受我的观点。　 1　2　3　4
22. 谈判前我已经对问题进行了深入研究，并熟知对方的需要。
　　　　　　　　　　　　　　　　　　　　　　　　 1　2　3　4
23. 我写的报告结构合理、内容准确、简明、清晰。　　 1　2　3　4
24. 提出提议前我往往进行彻底的调查。　　　　　　　 1　2　3　4
25. 我努力了解有关听众对组织的看法。　　　　　　　 1　2　3　4

26. 我会认真考虑请技巧娴熟的顾问帮助我解决公关问题。　1　2　3　4
27. 我能与记者及其他媒体工作人员进行有益的接触。　1　2　3　4
28. 我确保由合格的专业人员来完成设计之类的专门工作。　1　2　3　4
29. 我交给广告代理商的书面指示是以明确的商业目标为基础的。

　　　　　　　　　　　　　　　　　　　　　　　　1　2　3　4
30. 我把定期与员工沟通看作是重要工作。　　　　　1　2　3　4
31. 我积极接收并回应来自于员工和他人的反馈。　　1　2　3　4
32. 我确定了沟通目标,并且不允许任何行为阻碍这一目标的实现。

　　　　　　　　　　　　　　　　　　　　　　　　1　2　3　4

评分标准:

请将每题选择的数字加起来即为你的得分。

32~64分: 不能有效地沟通,要倾听反馈,努力从失败中吸取教训。

65~95分: 在沟通方面表现一般,应针对弱点,努力提高。

大于96分: 能极好地沟通。

项目二 创业准备

项目故事

  上海市商贸旅游学校的旅游专业是学校的品牌特色专业，学校的微型旅游小社团办得也很有特色，毕业学生的优秀素质得到了业界的认可。

  是不是该让这些同学进入市场，接受市场经济真正的考验？开学之初，学校决定在这方面做一个尝试。在学校旅游专业部的安排布置下，"沪上微旅游"创业团队很快成立了，学校为他们配备了优秀指导教师宋老师作为技术辅导，在开学之后他们正式进入学校的创业中心学习创业的知识，做好准备开始创业。

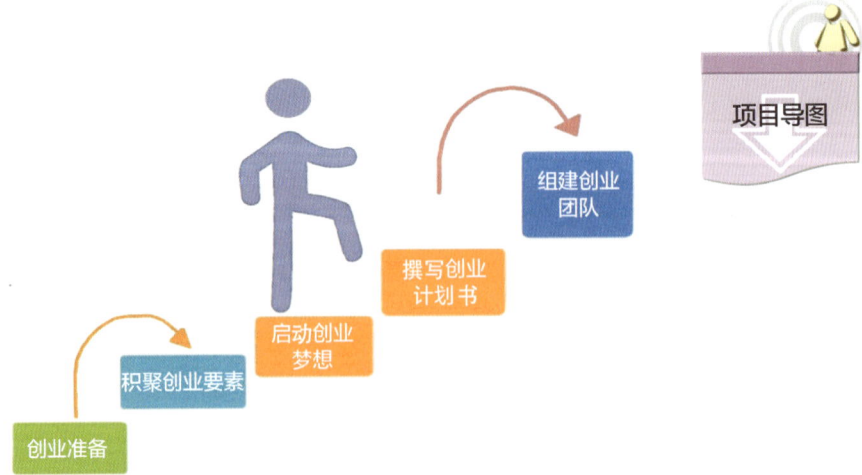

项目导图

模块 2.1　积聚创业要素

活动地图

创业讲堂　　　　　　　　创业模拟实训室

创业工坊

活动路径

学习目标

1. 学习创业要素内容。
2. 学会积聚创业要素。

任务描述

"沪上微旅游"创业团队的同学们也参加了前面项目的学习,经过创老师的比较评估,这个团队可以进入准备阶段了,创业中心的创主任安排同学们进入到新一轮的创业学习,他们要学习的第一项内容就是创业要素,学会积聚创业要素。

任务实施

一、听创业故事

网上蔬菜店

上海信息技术学校中职生张昕同学毕业后开了家农产品店,继而又开办"绿悠悠"电子商务网站,称得上是首批蔬菜农作物的网上超市之一。近日,"绿悠悠"网站引进风险投资,创业前景看好。

张昕在学校学的是计算机专业。2007年10月,张昕想在"网上超市"进行尝试。他做了小型的市场调查,发现当时淘宝等电子商务网站上农产品还是个空白点,因为它的网上购物人群还没形成。家庭买菜的多以老人为主,他们不是网络购物的主力消费者。于是,张昕把创业范围缩小在"有机蔬菜"领域,定位于白领家庭。2008年年初,张昕投资30万元,在安远路开了间180平方米的"绿悠悠"农产品店。

在一次市场考察中,他听到江西省某市农业局一位负责人说:"我们那儿的鸡蛋是绿色的壳,蛋清和蛋白更有营养。民间有一种说法:土鸡中极少有产绿壳蛋的,大人们往往都留给最疼爱的孩子和最尊敬的老人食用,因为它能提高小孩的免疫力,治疗老人头晕、目眩等疾病。"张昕听后想到:现在卖东西都是卖商品,我能不能"卖故事"?

回上海后,张昕将店里几十种商品一一归类,从网上搜集了从产地到用途等的各种信息，编成一个个"产品故事"，教消费者怎样从颜色、大小、形状等细节分辨出农产品的好坏，并把一些有机农作物和各项身体健康指标"对号"。比如东北某个品牌的黑木耳吃了可以软化血管等。赋予商品故事和文化后，消费者的认可度马上提高了不少，两个月后销售额就突破了40万元。

在张昕的网店里，商品旁边不再是单一的价格标签，还有五颜六色的"故事牌"，方便消费者挑选适合自己的种类。

讲完故事，创老师让大家想想张昕的创业为什么能够成功？在大家你一句我一句的议论后，创老师讲了下面一番话。

二、学创业之道

创业首先要考虑一些什么？

创业仅有一个好的 idea 是远远不够的，一个成功的创业项目是由诸多的因素共同促成的。通过对成功案例的分析，人们发现，有一些不可缺少的因素在创业的过程中起着极为关键的作用。例如：创业者具有的核心能力、关键价值、渠道路径、收入来源、合作关系、用户群体、合理的成本构成、拥有的资源等才可促成创业企业形成一个良性循环。当你准备创业的那一天起，你就应当关注这些要素。你是否具备？对于不具备的要素如何获得？这是创业者创业初期需要考虑的问题。

接着创老师打开了 PPT，与同学们一起学习创业要素。

三、边学边问

创业讲堂

创业要素

（一）核心技能

创业的第一要素是核心技能。

1. 什么是核心技能？

它是指创业者拥有的能够用它在市场中为消费者创造价值，满足消费者需求并给自己带来收入的核心能力。

2. 核心能力的意义

核心能力是指能够使企业在竞争中获取竞争优势的资源和能力。它具有独特性、不可模仿和不可替代性等特点。

创同学：

在创业中如何寻找自己的核心技能？

创老师：

个人的核心能力可以从以下两个方面挖掘：

第一，我是谁？具体分析自己是什么样的个体，包括个人的兴趣、技能和个性。

第二，我会什么？看看自己具备做什么的知识、经验、资源。

分析我是谁，可以找到个人的优势，为选择创业方向做好基础准备。我们常说，兴趣是最好的老师，兴趣能让你在从事这些事物的时候产生激情，从而催生出强烈的职业满足感，它将是你战胜困难、克服阻碍的原动力。分析我会什么，让我了解我们所拥有的个人资源，它将是我们从事创业的有力支撑。

创同学：

如何了解自己是否已具备了创业的核心能力？

创老师：

当你分析出我是谁，我会些什么，你就可以把它们列在一张纸上。例如，小张同学会画画，会网页设计；小李同学会烹饪，且善长交际沟通，喜欢销售……同学们能够运用这些能力来为他人服务，这些就是同学们的核心能力。

创业案例

艺术品经营小玩家——邓明杰

邓明杰,当你看他第一眼时你可能还以为他是一个刚出学校的孩子,可是了解他的人知道他在上海艺术品经营圈已是一个活跃分子。他从事艺术品经营已经有五年了。

邓明杰想起刚从学校毕业的时候,还真有点迷茫,虽然来学校招聘的单位不少,但是没有自己感兴趣的岗位,他学的专业是文物鉴定专业。三年来,专业教师的培养,行业大师的引导,加上他的潜心努力,他已经取得了国家职业资格宝玉石鉴定、金银饰品鉴定的相关证书,同学们还送给他一个绰号"大师"。

是丢开自己喜爱的项目,安安稳稳地就业,还是想办法继续做自己喜爱的项目,邓明杰可真徘徊了好一段时间。有一天,他的一位老师带他参加了一个艺术品经营者的聚会,让他产生了一种莫名的兴奋,他感觉找到了一条不放弃自己爱好的路径,那一刻他终于决定自己创业,做一个艺术品经营业主。

创主任的点评:

邓明杰决心创业是因为他已经具备了核心技能,他是一个具有艺术品鉴定技能,同时有一定社交活动的创业者。

创业讲堂

(二) 关键价值

创业的第二个要素是关键价值。

1. 什么是关键价值?

它是创业者从事的核心业务活动,为社会提供关键的价值增值。它是创业者的利润源泉。

2. 职业学校的毕业生可以向社会提供关键价值的类型

职业学校的毕业生向社会提供的关键价值可以分为四种类型。

(1) 技术技能型。即创业者以自己具有的技术和技能为他人和社会提供的关键的价值增值。例如:面包烘焙、图文排版。

（2）策划服务型。即创业者以自己的策划技能优势为客户服务，满足客户的需求。例如：产品营销、品牌策划。

（3）资源整合型。即创业者整合资源，为他人带来增值的价值。如：礼仪服务、婚庆服务。

（4）创新创意型。即创业者通过创新和创意，开发出新的产品和服务，创造价值增值。如新产品设计。

创同学：

我如何能找到我的关键价值呢？

创老师：

创业的关键就是要想清楚：我要做什么？我做这些能给他人带来的价值增值是什么？人们是否愿意为我的这些增值买单。分析清楚这点你才能开始行动，因为创业不是做公益，它需要有利润来维持你业务的运转。

 创业案例

游戏服务器服务商——陈家浩

陈家浩在上中职的时候就是一名游戏玩家，在毕业之际他突发奇想：能否凭借个人的力量，搭建一台属于自己的游戏联机服务器呢？

说干就干，毕业典礼的当晚，他便拉着一个精通信息技术的同学，用自己仅有的几百元零花钱，在淘宝上租借了一台性能并不高的服务器。两人从零开始，踏上了游戏服务器的创业之路。

期间，他和他的搭档一起讨论了游戏服务器的类型、发展方向和运营模式。世上无难事，只怕有心人，终于在创业后的第2年7月中旬，服务器迎来了它的第一次巅峰，以他为首的服务器团队也挖到了第一桶金。由于服务器的高质量游戏内容与稳定的运营维护，第一名玩家向服务器捐助了一百元资金用于支持进一步的服务器建设。紧接着，第二名，第三名……，越来越多的玩家受到连锁反应的影响，积极地向服务器捐助资金。他和他的搭档丝毫不敢懈怠，用这些宝贵的捐助资金扩大服务器的规模，提升服务器的配置。

终于，丰收的季节到了，团队每周能盈利 1 000 余元，账户上的余额也慢慢地由三位数变成了四位数并继续上升着。

创主任点评：

陈家浩创业成功的关键，是他的业务给他带来了源源不断的现金流，而创业中的关键价值——高质量的游戏内容与稳定的运营服务是利润的源泉。

创业讲堂

（三）渠道

创业的第三个要素是渠道。

1. 什么是渠道？

渠道，主要指你与客户之间的联系通道。

2. 创业中的渠道包括哪些？

创业中的渠道包括：

(1) 客户知晓的渠道。

(2) 客户购买的渠道。

(3) 产品和服务交付的渠道。

(4) 售后服务的渠道。

3. 如何保证渠道畅通？

畅通的渠道是经营成功的保证，创业者要搭建好这四条路径，确保渠道通畅。

客户知晓的渠道，需要建立有效的传播渠道，选择正确的宣传方式让客户知晓你的产品或服务。客户购买的渠道可以采用实体场所，也可以采用网上交易，在互联网已经深入渗透的今天，选择网上交易，往往可以节约你的不少成本。产品和服务交付的渠道，有直接的交付，也有间接的交付。采用间接交付的方式最常用的是快递的方式。售后服务的渠道，可以是上门服务，也可以是网上服务。在创业中渠道对创业者至关重要，它的通畅是经营顺利的保证。

创同学：

渠道通畅的意义何在？

创老师：

畅通的渠道是经营成功的保证，创业企业只有保证渠道通畅，才能保持经营的正常延续。选择正确而高效的渠道才能为企业带来利润。

 创业案例

张智益做珠宝微商

我叫张智益。进入商贸旅游学校的一年中，我尽情享受着每周十节以上英语课程的学习乐趣，课余与老外交流探讨关于珠宝的知识，并与一些老外结下了深厚的友谊。在跟外国友人进一步密切接触之后，一个珠宝创业的理念油然而生。

刚开始的起步阶段，由于没有足够的资金支持，无法进大量的货，为了让创业梦想早日步入正轨，我挑选出一部分多年来的珠宝收藏品，通过朋友的渠道出售，可是并没有太好的反响。之后，微信朋友圈的"微商热"慢慢涌起，这使我逐渐改变了营销策略，打算尝试利用微信朋友圈的资源，拓展销售渠道。这一转变使我幸运地获得了创业的"第一桶金"。

有了资金的支持，进货的种类也让我绞尽脑汁。经过了一段时间在同学和朋友中的调查，了解到水晶类的手串和银饰品较受大家欢迎。于是我拿了一部分启动资金换来一些水晶手串和银饰品，每天坚持上传图片至微信朋友圈。这种微营销的方式，初见成效。

创主任点评：

张智益的第一桶金源于他对渠道的重视。良好的渠道，为他产品销售提供了很好的目标客户。

创业讲堂

（四）收入来源

创业的第四个要素是收入来源。

为什么创业要有收入回报？

创业的愿望是让付出获得回报，你提供的产品和服务得到认可，从而获得回报。创业的努力需要获得连续不断的现金回报，以保证经营的持续进行。

创同学：

创业企业为什么要有持续的现金流？

创老师：

在经营中，如果没有现金回流，创业会面临困难，作为创业者首先需要考虑的应当是如何保持持续的现金流。

 创业案例

刘长青的饮料店

刘长青，从职业学校毕业后不久，借到 10 万元现金，在松江大学城开设一家时尚休闲饮料店，固定成本占去 5 万元，而后店面铺货、上货成本又占去 3 万元，仅有 2 万元的现金作为流转费用，1 个月来生意还不错，有源源不断的收入，但手中的现金没多少了，水电费、人工费大块资金就这样被卡住，没有现金周转了，反过来现金流的不畅给正常业务运作造成影响，降低了资金回笼的速度，最终引发资金流通的恶性循环。

开店导致资金占用，无法及时回笼是失败的主要原因。许许多多创业者都在现金流上吃过亏。

创主任点评：

你永远要记住现金流是创业者的血液，现金流断了就什么也没有了，做决策时一定要看自己的承受力怎么样，要想到最坏的结果是什么。

很多人做投资决策时，只想到自己要投入多少钱，能挣回多少钱，但容易忘记万一这个投入回不来怎么办？如果能承受最坏的结果，那就没关系。

创业讲堂

（五）合作关系

创业的第五个要素是合作关系。什么是创业中的合作关系？

它是指在创业中，你将和谁合作，建立何种合作的关系。

创业是在经营一个链条，上游的供给对象，经营中的伙伴和你一起形成了一种合作的关系。

创同学：

为什么创业中必须有合作关系？

创老师：

创业经营不可能包揽各个环节，你需要其他环节的配合，包括你的合作伙伴与你一起共同完成。合作关系中供应商是重要的合作伙伴，它能为你创造出最佳的产品和服务提供有力的支持。

都卫俊的策划工作室

都卫俊，身处一个迅速变革的多元时代，其经历也是包含了各种跨界转变的故事，从一个擅长折腾计算机设备又不听话的理工男，成长为公关广告项目的创业者。他的成功都是从小项目做起，从帮助友人开始的。

开始时遇到的都是一些小项目，印象最深的是第一次为酒吧做主题活动。有位朋友介绍一家策划主题活动的酒吧想寻找艺术造型师，他联系了一个造型师去谈项目，酒吧经理是个高大的法国人，他就充当了临时翻译的角色，成功完成了首演之后，也给后期带来了不断的合作，陆续接了多个主题夜的艺术造型工作，几个小项目做下来之后，酒吧上下的员工就好像都是他的同事，酒吧经理笑着对他说"都都，这就是你的家"，大家逐渐成了熟识的朋友。这个经理之后在上海负责另一家顶级餐厅时也找到都卫俊，让他负责员工的形象造型设计。再后来，这个经理还为都卫俊介绍了很多酒吧的推广策划和主题活动服务业务，都卫俊渐渐地开始参与酒吧的主题夜和艺术展制作，接触到了奢侈品零售、夜店酒吧的运营管理，结识了很多业内DJ、调酒师、当代艺术等各路人士。2010年的上海世博会期间，很多业务都是这些朋友介绍给都卫俊的，或者和他们合作完成的，都卫俊的业务也开始越做越广，客户越来越多。

创主任点评：

想在创业过程中成功，就要善于把握机会，抓住一切机会去培育人脉资源与关系，其实有许多机会就在你身边。

都卫俊的创业经历告诉我们，人脉没有那么神秘，一步一个脚印地踏实做好每项工作，人脉自然就能逐步积累。

创业讲堂

（六）客户群体

创业的第六个要素是客户群体。

创业的成功，离不开忠实的客户群体，你能帮到谁，你的核心能力体现在谁身上，谁就是你的客户群体。

 创业案例

LovEvonne 馔宫高档餐具网店

顾菁经营的"LovEvonne 馔宫"品牌是一家时尚厨房餐具网店，目前线上主推的是西式骨瓷餐盘，合作的工厂很多都是欧洲多国皇室骨瓷用品提供商。顾菁的客户群体多数以女性为主，热爱下厨的男士也不少，他们一般具备一定的生活

消费能力并对自己生活品质有所追求，此外，对于一些小资情调的咖啡馆或是甜品店，她也可以提供符合他们需求的产品。

好的生活和好的东西不一定是奢侈的，正是因为没有看到足够多的优质产品，所以才会对那些昂贵的选择趋之若鹜。顾菁的对外宣传：优雅、精致的餐具体验和亲民的价格是我想要带给大家的，针对热爱下厨的民间美食家们，烹饪美食的同时可以选用自己喜好的器皿来搭配爱的料理，顾菁的"LovEvonne 馔宫"为你们提供的是个性化的精准服务。

创主任点评：

创意设计、定制生产、小众营销为特征的创意产品类项目考验的是创业者对客户群体的了解程度，需求精准了，服务才有价值，产品才能畅销。

创业讲堂

（七）成本

创业的第七个要素是成本。

什么是创业成本？

它是创业经营最基本的支出。

不论你是从事哪一项业务，方方面面都需要花钱，租房经营需要钱、购入设备需要钱，买入原材料需要钱，人工工资要花钱、水电开销、日常花销都需要钱，这些花费构成经营的成本。

创同学：

创业时控制成本为什么重要？

创老师：

开门经营，成本支出是不可避免的，有的经营项目成本可以在持续的经营中不断降低，例如产品的生产。而服务却大多不能够降低，即成本是不会下降的，创业者认清这点，对于做好资金的管理很有必要。

 创业案例

华琪的古玩小店

我学的是文物与鉴定专业,毕业之前就打定了主意要开一家艺术品经营店,营销老师告诉我,"如果准备创业,那么在投入资金之前,一定要了解创业成本。"

我从几个做这方面生意的朋友那里了解到大概需要投入的成本,只能是个大体的估计,但这种估算太过粗略,以致在创业前期,成本核算的不准确给我带来了不小的麻烦,有一次,我到外地去收了几件旧物,但是,没有预留下月底的水电、房租,以及基本费用开支,到月底,我急得如同热锅上的蚂蚁,到处借钱,最后是朋友和亲友的相助,才让我渡过了难关。我经常要重新核算,找有经验的老师们请教,这样过了好几年,我心里基本上有了一本账。

经过几年的经营,我的体会是:准确测出所需的资金很重要,如果低估所需成本,在企业盈利前可能就用光了钱。

创主任点评:

无论你的创业成本是多还是少,你都需要核实出相对准确的数字,虽然这存在一些困难,但必须花功夫去核实。

创业讲堂

(八)拥有资源

创业的第八个要素是资源。

什么是创业资源?

创业资源是指创业中所需要的各类因素。

现在我们不再局限地认为资源仅指人、财、物,越来越多的创业者认为信息也是很重要的资源,除此之外,现代管理实践越来越重视资源中的"人",对创业者而言,团队中的"人"被认为是最为重要的资源。

创同学:

拥有创业资源的意义何在?

创老师：

资源是创业者手中的牌，每个创业者总是希望王牌越多越好，怎样组合运用好现有资源，并且利用现有资源开发出更多的资源，这是创业者必须重视的问题。

 创业案例

活用资源的王一天

开了公司，订单越来越多，我很快就发觉，好的设计人员是很稀缺的，于是我开始联系我的同学，动员他们加入我的创业团队，有了团队，才能更加强大。团队合作，不但可以分担更多的工作，还可以扩宽自己的渠道，抗风险能力自然也就高一些。

但是，长期维持一个团队的稳定，并不是一件容易的事情，尤其是广告设计行业的从业人员，人来得快，走得也快，大家都在不断地尝试新的东西，保持团队的稳定就要靠我这个核心，除业务工作以外，我们经常有集体活动，增强同事间的友谊。

有时候有些大的项目，需要几家公司的合力，于是我们大家合作拿下，然后分工完成，这不但能够增大拿下订单的概率，更能够让设计质量得到稳步提升。

在平时共同做一个项目的时候，也能够从其他的设计师那边学到很多平时学习不到的技巧，大家相互分享交流，有了一条很好的渠道提升自己。

创主任点评：

从这个创业案例中，我们不难发现，作为拥有技术技能的创业者，虽然技术是自己创业的最大资本，但是也要清楚"一个好汉三个帮"的道理，只有拥有资源才能走得更远。对自己掌握的资源有一个清醒的认识和明确的市场定位，然后再考虑技术转换成市场商品的门槛有多高，投资有多大，根据自己团队的情况来实施创业。

四、边学边做

从创业讲堂出来,"沪上微旅游"项目创业团队的同学们来到了创业工坊,大家一边讨论着学习的内容,一开始准备行动,经过 2 天的讨论,一份项目要素分析呈现在了创老师的面前。

"沪上微旅游项目"要素

一、核心技能要素

"五彩缤纷游"沪上微旅游项目的核心技能是:上海市商贸旅游学校旅游专业学生旅游专业技能。

二、关键价值

针对人们在新科技时代的新型微旅游需求,通过互联网+定制旅行的思维,以文教旅游为核心产品,提供一条有教育意义、有趣味性的沪上文化微旅行路线。

在此基础上产生的核心产品是:

打造红(红色旅游)、蓝(美食游)、青(亲子游)、黄(本土游)、紫(徒步游)的主题微旅游线路。

红(革命之旅一日游):中共一大会址上海文史馆—孙中山故居—周公馆—张学良公馆。

蓝:思南路的龙门雅集、品茶(英式下午茶)—味香斋(雁荡路)麻酱面、炸猪排、牛肉汤—吉祥草(佛教文化,素斋)(马当路)—日月光美食。

青:太平桥绿地—中西合璧的法式复兴公园—上海琉璃艺术博物馆—邮政博物馆。

黄[海派建筑(石库门、洋房)、弄堂文化一日游]:石库门屋里厢博物馆—思南公馆—上海科学会堂一号楼—上海别墅—义品村别墅群—老渔阳里—田子坊画家楼。

紫:泰康路—思南路—南昌路—兴业路—黄陂南路—马当路—复兴中路。

除这五条基本线路外,客户可通过平台了解最新的旅游资讯,根据自己的喜好定制属于自己的"独家线路"。

三、渠道

我们选择了两条渠道。

从长远看，本项目采用线上直销，通过设制微信服务号、公众号、微博、人人、空间等渠道推广。同时，与一些大型热门公众号以及其他渠道，积极开展合作，方便企业初期强化宣传，拓展业务。将来，也会在主要的旅游网站，如：携程网、到到网、驴妈妈、新浪旅游，打出自己的广告，向公众传达产品，吸引消费者。

四、收入来源

项目产品策划免费，主要收入是导游讲解费和相关衍生文化产品销售扣点。

五、合作关系

本项目前期将与各个学校达成合作意向，直接吸引各学校学生及学生家长来关注我们的产品，以学校出游为教育活动项目，让大量学生直接领略上海的文化魅力，从而达到良好的宣传效应。

六、客户群体

根植于上海文化，主要客户群体分布在沪中、小学学生、中外都市文化旅游爱好者。

七、成本结构

从财务方面看，本项目的主要成本是人力成本，所以提高人力资源的效率，有效管理和利用人力资源将是节约成本的重要措施。

八、拥有的资源

上海商贸旅游学校在长期的办学中积累了旅游行业丰富的资源，它包括文化资源、行业资源、专家资源、学校关系资源等。

看了同学们的分析，创老师发现同学们进步很快，通过这段时间的学习在创业方面已经上路了，该带着这些同学启动创业梦想了。

 练习与检测

一、创业要素练习

1. 核心技能练习

有同学说：

我学的是旅游专业

我学的是烹饪专业

我学的是电子商务专业

我学的是……

我会修理电器

我会电脑修图

我会古籍修复

我会……

我打字快

我学过十字绣

我学过瑜伽

我学过……

想一想：你有哪些核心技能？

2. 关键价值练习

核心技能可以是制作、修理、加工、服务、辅导、陪护等。

想一想：你可以提供带来价值增值的是哪种技能？

3. 渠道练习

（1）客户知晓的渠道：广告、传播。

（2）客户购买的渠道：线下实体店、O2O、网店。

（3）产品和服务交付的渠道：现场交付、网上物流。

（4）售后服务的渠道：线上咨询、线下服务。

想一想：还有哪些渠道？

4. 收入来源练习

想一想：收入来源除了销售产品之外还有什么来源？

5. 合作关系练习

以下是合作关系列举：客户、合伙人、下属员工、供应商、行业监管部门……

想一想：合作关系还有哪些？

6. 客户群体练习

客户群体的划分有多种方式，按年龄可以划分为以下四种。

婴幼少儿人群：婴儿群体、幼儿群体、少儿群体、少年群体。

青年人群：上班白领一族、自由职业一族。

中年人群：中年上班一族、中年休闲一族。

老年人群：健康老人、行动困难老人。

想一想：你的创业项目的客户群体是如何划分的？有哪些类别？

7. 成本结构练习

有一家创业公司在财务计划中列出了所有的经营成本：房屋租金、员工工资、广告费、水电费、固定资产折旧以及其他。

想一想：你的创业项目会有哪些经营成本？

8. 拥有资源练习

可用于创业的房屋、设备、车辆、原材料、人脉关系还有你拥有的知识产权等等都是资源。

想一想：如果你现在创业，你拥有哪些资源？

二、案例分析

以下是摘录的二则中职学生创业的故事，请你看后分析他们创业已经具备的要素，以及他们还需要准备哪些要素？

（一）山东独角戏鞋业

孙进是一名中职学生，她根据时下的潮流趋势，创办了专门从事手绘鞋制作和销售的"山东独角戏鞋业"。此创业项目不仅代表烟台获得了2010年度全国创业奖励基金，而且在2016年4月一举夺得在纽约举行的全球创业指导基金会全球青年创业大奖，与此同时，她的创业项目还在纽约进行了成功展示。孙进的创业项目，是根据时下年轻人喜爱与众不同的"潮品"而进行的。每一双手绘鞋都是独一无二的，而这不仅给年轻人带来了独具特色的个性享受，还极大地满足了不喜欢工厂雷同性设计的年轻人心理诉求。正是抓住了年轻人"标新立异"的追求，孙进的创业变得可能、可行甚至不断壮大。

（二）魔幻奇迹主题馆

烟台机械工程学校的温云飞的"魔幻奇迹主题馆"的项目荣膺2015年全市职业学校学生商业计划书大赛冠军，之后又代表烟台参加了2016年在北京举行的全国创业大赛决赛。温云飞的项目主要是围绕着魔术运营进行的，而之所以选择这个项目与他丰富的魔术表演经验分不开。温云飞从2009年学习魔术，之后他跟随着老师参加了许多场商业演出，表演经验非常丰富。因为痴迷和热爱，温云飞对于魔术的钻研也日益加深，但是要成为像刘谦一样的魔术大咖，温云飞清楚地认识到，必须要有自己的优势。于是他想到了开办一家魔术工作室，这样自己也就从打工者变成了创业者，而离个人的目标也就更接近了。很快，温云飞将想法变成了现实，他的"魔幻奇迹主题馆"诞生了。温云飞的创业思路非常清晰，他要围绕自己的魔术表演进行一系列的商业运作。魔术表演是温云飞这个主题馆的基础，在此之上是对魔术道具的制作和销售，紧接着是开设魔术培训班，温云飞想要达到的目标则是对新魔术和魔术道具的研发，从而形成一条产业链达到开办

"魔幻奇迹主题馆"的最终目的。现阶段,温云飞已经在进行商业演出的阶段,并根据自己的表演穿插进行魔术道具的销售,其创业成果已经初步显现。温云飞不走寻常路,选择不同以往的创业思路,赢得了众人关注的目光,也成功开启了他人生的大门。

模块 2.2　启动创业梦想

活动地图

创业讲堂　　　　　　　　　创业模拟实训室

创业工坊

活动路径

学习目标

1. 学习创业的项目类型。
2. 会正确选择自己项目的类型。

 任务描述

创同学团队各自都做好了自己的创业要素准备，现在他们疑惑的是如何选择出适合自己的项目，创老师非常理解同学们现在遇到的难题，安排这次的创业学习让同学们学会选择适合自己的项目。

 任务实施

一、听创业故事

陈松亮，一名中职毕业生，目前自己经营了一家拍摄服务公司。来听听他讲述的自己创业经历吧。

兴趣成就我的创业梦想

我性格外向活泼，平时喜欢唱歌，打球，同时我还喜欢摄影。刚毕业时，学校给我们推荐了就业岗位，但是，我一心想做自己的事，家里有亲戚开了家摄影店，我很想去他们家学习摄影。我的想法父母也没有阻拦，于是我到了亲戚家的摄影店，学习摄影。

我一边学习一边工作，渐渐成了一名熟练的摄影师。一天，我正在店里值班，店里来了一个小伙子，急匆匆地问我们是否能帮他们策划一次推广活动，凭着原来在学生会办活动的一些经验，写了一份策划提纲，对方比较满意，并且和我们店签了合同，这也成了我在这家店拉到的第一笔大生意，并由我来负责这个活动。我花了很大的心思在这个项目上，充分利用在学校积累的同学关系，让他们做这次活动的参与者，同学们很配合，这次活动举办得很成功，客户非常满意。

渐渐地，我手中积累了不少做这方面活动的资源，在亲戚家摄影店帮忙已经满足不了我的需求，我需要一个更加独立宽广的空间。于是我有了一个想法，我能不能开一家专门从事活动策划并兼职影视拍摄的公司，这个想法在我心中存了一年多的时间。我利用工作之余访问了做这方面项目的同行们，了解他们的业务运作方式。

　　终于有一天，我的设想得到了几个平时比较要好的朋友的支持，我们一起合伙成立了一家活动策划及影像拍摄服务公司，由于我有这方面的资源和经验，这家公司由我负责主要经营，这样我就开启了自己创业之路。现在公司已经在行业中小有名气了，拥有十多名员工，除此之外，还有几名从我们中职毕业的学弟、学妹，我有一种感悟就是"兴趣成就梦想"。

在听了陈松亮同学的故事之后，创老师趁热打铁，开始向大家传授创业选择项目的方法。

二、学创业之道

1. 如何考虑创业方向？

互联网时代，创业可以有很多方向，如电子商务、游戏、社交、O2O等。通过不断的学习，关注创投信息、行业博客等，同时融入创业圈子和别人交流，结合自己的兴趣、资源和经验来选择一个创业方向。一旦选定了就不要轻易更改，因为隔行如隔山，任何行业都需要学习成本，如果不断地更换行业，很可能时间也浪费了。

2. 当今时代，我们可以具体考虑的创业方向有哪些？

一是新技术发展带来的新市场。比如，互联网革命给人们的生活带来了翻天覆地的变化，也改造了许多传统行业，产生了很多需要提供专业互联网技术服务的市场空间，可以尝试做一些技术服务类创业项目。而且我们应该注意到，这个时代的技术进步，不再是某个单点的技术进步，而是成百上千甚至上万个技术进步被有机整合后形成的全新进步，每个对行业技术感兴趣的人，都可以在细分的技术领域发挥自己的特长，成为无数个技术革新服务之一，来填充被移动互联技术撕扯开的传统市场空间。

二是社会发展释放出的市场空间。比如政府购买服务，把部分公共事务交由具备条件的社会组织承担，产生了需要整合资源以提供社会公益服务的市场空间，可以尝试做一些资源整合类创业项目。很多大型跨国集团公司也是如此，随着组织形态的发展和变化，大型集团公司越来越多地向平台型公司转变，项目外包的运营形态越来越普遍，往往几个人组成的团队就能胜任专业细分领域的工作，这给小规模的创业团队提供了大量的市场空间和机会。

三是收入提高带来的消费升级。比如人们对生活品质要求越来越高，有创意、高品质的生活用品市场空间被打开，个性定制时代到来，产生了集创意设计、定制生产、小众营销为特征的市场空间，可以尝试做一些创意制作类创业项目。

创老师打开PPT中关于创业项目的内容，与同学们边学习边讨论。

三、边学边问

创业讲堂

创业项目类型

（一）技术技能型创业

1. 技术技能型创业的含义

技术技能型创业指的是创业者以自己具有的技术技能优势作为创业的核心竞争力，以满足客户的相应需求，获得市场的认可，达到创业的成功。

2. 技术技能型创业项目的特征

技术技能型创业项目最重要的特征是技术技能即为核心技术。核心技术是那些可以提供多种不同类型产品或服务市场的技术，是能够为用户提供根本性好处的技术。

创同学：

为什么顾客愿意为核心技术买单？

创老师：

拥有在同行业占优势的技术技能是从事技术技能型创业的基础。在创业的过程中技术技能成为关键价值，顾客愿意支付购买就是因为青睐于技术技能带给自己的愉悦体验。

创业讲堂

3. 技术技能型创业路径

（1）拥有先进技术。技术技能型创业项目一开始就确定了创业的基点是所拥有的核心技术。创业者付出的主要成本是我们称之为技术技能的人力成本。

（2）与市场需求有效结合。技术技能型创业不一定非要选择高科技行业，传统行业同样可以。例如，优秀的理发师，会给顾客理出气质优雅、超凡脱俗的发型，让顾客感到自信倍增。优秀的插花师能把一把看似杂乱的花草，整理修剪成美丽的花束。

创同学：

技术主要是指哪些？

创老师：

核心技术优势具有先进、复杂及难以模仿性，是基于对产业、市场和用户的深刻洞察，以及环境长期培育形成的，有独特的市场价值，能够解决重大的市场问题。这些技术既包括最新的高科技技术、专利技术，也包括传统行业的特殊技能、配方、操作工艺等。总之对于初始创业者来说，只要能带来商业价值的技术都可以叫核心技术。

创业讲堂

（二）策划服务型创业

1. 策划服务型创业的含义及类型

策划服务型创业项目是指通过为客户提供相关咨询、策划、执行等服务，以满足客户需要，实现自身盈利。

策划服务可具体细分为品牌策划、广告策划、公关策划、市场策划、营销策划等不同的类型。

创同学：

策划服务型项目是否还要细分呢？

创老师：

近年来，伴随着生活服务业的消费升级，策划服务的需求越来越旺盛，对于企业组织而言，其中的基本商业逻辑是"专业的事交给专业的组织做"，符合商业社会中分工细化的发展趋势。就具体内容而言，市场需要的策划服务可以再细分为创新型和精细型两类：创新型需要提供的是专业咨询服务，精细型需要提供的是专业执行服务。

创业讲堂

2. 策划服务型创业的路径

（1）拥有客户资源是策划服务型创业项目的基础。商业交往中，关系的发展与形成是一个重要的过程，既会有点头之交的客户，也会有非常满意的客户。商业竞争中的品牌塑造，就是与客户建立忠诚度的一种体现。稳定的客户资源，是一笔无法估量的无形资源，这种资源一旦有了合适的机会就能迅速积累大量的财富，就像滚雪球一样。

（2）为客户提供优质的服务。对选择策划服务型项目的创业者来说，怎样提升客户满意度、树立品牌形象、建立忠诚的客户群，形成战略型的伙伴关系就成为创业成败的关键。

创同学：

项目策划是不是很难？

创老师：

策划服务听起来很高大上，似乎让初出茅庐的创业者会感到可望而不可即，但细看之下，专业的策划服务需要的是对行业的经验积累和踏实的执行态度，创业者如能在跟进具体项目时做个有心人，不断积累，不用很长时间，也许就能组建自己的策划服务专业团队了。

创业讲堂

（三）资源整合型创业

1. 资源整合型创业的含义

资源整合型创业指的是创业者充分利用自己拥有的资源，依据市场的需求进行有效组合，实现客户的需求，达到创业的成功。

2. 资源整合型创业的特征

资源整合型创业关注的是拥有的资源，拥有别人没有的资源是从事资源整合型创业的基础。在创业的过程中拥有资源成为关键价值，顾客愿意支付购买，就是因为你将资源整合后能满足顾客的需求。

创同学：

中介算是资源整合型创业吗？

创老师：

中介沟通了资源的供求双方，是一种资源整合型创业。

创业讲堂

3. 资源整合型创业的路径

(1) 拥有一定的资源。首先应当拥有一定数量的资源，这是资源整合基础。创业者要善于发现资源，注重积累资源，它将是你从事创业的开始。例如，中职学生李欣，上学时被同学邀请作为观众参加电视台的节目，并参与节目互动，了解到电视以及电影找观众和群众演员很难，毕业后他成立了一家演艺服务公司，每天负责为电视台和电影拍摄找观众和群众演员，由于他积累了许多的同学资源，这项业务让他做起来得心应手，他从这项中介业务中收取佣金，几年下来，他的公司业务量越来越大，收入也越来越多，在演艺服务行业的知名度逐步提高。

(2) 学会调配资源的能力。资源整合的优势不仅在于资源，更在于你能够驾驭资源的能力，能够将你的资源经过调配，发挥出最好的功效，现在的房地产中介、人力资源中介就是对资源的一种有效的调配。人们还利用这点产生了许多新的创业项目。平台类的创业项目有很多都是资源整合型的，如大众点评网、滴滴出行等。

创同学：

资源整合型创业常见于哪些领域？

创老师：

常见的资源整合型创业，往往集中在服务领域。人们在消费时，由于信息不对称让人们不能找到最为满意的服务。资源整合型创业在为人们提供服务信息方面大有可为。

> **创业讲堂**
>
> （四）创新创意型创业
>
> 1. 创新创意型创业的含义
>
> 创业都需要创新，创新创意型创业指的是通过产品或服务的创意产生出新的产品和服务，获得市场的认可，达到创业的成功。
>
> 2. 创新创意型创业的特征
>
> 创新创意型创业关注的就是创新创意，创业的核心是有创新创意。

创同学：

创业不是都需要创新创意吗？

创老师：

是，但创新创意型创业的产品在创意方面更显得突出。

> **创业讲堂**
>
> 3. 创新创意型创业的路径
>
> （1）拥有具有新意的 idea。随着人们生活水平的提升，对于生活品质的追求越来越高，创新创意类的产品和服务越来越受到人们的欢迎。创新创意项目的成功就是首先要有一个具有创新创意的 idea。例如，鲜花越来越成为年轻人必不可少的消费。小菁是一名职校生，在学校时她是美术社的成员，毕业了，她按自己的兴趣在小区附近的临街门面开了一家花店，由于她拥有美术的底子，对鲜花的搭配有独到的见解，经常能推出创意插花，经过两年的努力，她的花店成为一家有特色的花店，有一大批年轻人成为了她的老主顾。
>
> （2）创新和创意符合时尚审美。创新创意是人们生活时尚和审美情趣的反映，代表时尚审美的创新和创意会很快被众人接受。在上海有一条街叫田子坊，整条街上一家紧挨一家的创意产品小店，令人目不暇接，有创意小饰品、工艺品、鲜花、创意画等，受到众人的喜爱。另外，除了这些实体产品外，创意服务也受到人们的欢迎，这两年流行的密室游戏，就是一种典型的创新创意项目。

创同学：

创新创意型创业的核心是什么？

创老师：

创新创意型创业是一种有着十分广阔前途的一类创业，这种创业类型将创新和创意作为基本点。核心价值在于有着与众不同的创新和创意的好思路、新点子。与众不同、新颖独特是它在市场上受到客户认可的根本。

四、边做边学

在创老师的带领下大家学习如何选择创业项目。创老师带领旅游专业的同学，边做边教。

创老师说：同学们，在现实中，你可以将自己的个性特征、兴趣爱好、核心技能画成三个相互相交的圆，它们最中心的交汇处就是你可以创业的事业。

如下图：外向的个性特征＋喜欢交友的兴趣爱好＋导游的核心技能，你可以从事的创业项目马上就可以锁定在开一家小旅行社这方面。

三个圆的交汇处是你创业的最佳选择

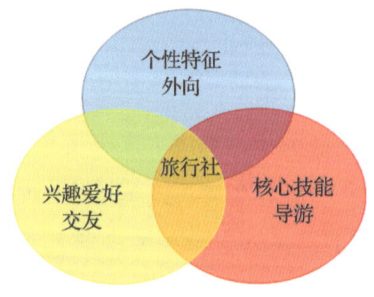

同学们的实践案例

一个创业项目的发现

随着艺术品市场的繁荣兴盛，越来越多的投资者开始关注艺术品投资领域，艺术品投资不仅能满足大众精神文化的需要，还能起到保值和文化传承的作用。

与其他投资形式相比，艺术品投资风险较小，投资潜在收益却非常高。虽然艺术品投资的高收益、低风险性特征有着极大的吸引力，但对大众来说，艺术品投资往往可望而不可即。这主要来自两方面，一是艺术投资的风险主要在于对艺术品的鉴别能力与变现能力，即能否鉴赏与识别艺术品以及购入真正的艺术品以后，能否尽快出手兑换成现金；二是艺术品往往具有初始投入高的特点，很多人的收入水平达不到投资艺术品的要求。这两个问题阻碍了很多人进入艺术品投资领域，尤其是在当今假货、仿品等盛行的情况下。整个艺术品市场需要一家专业性强、进入门槛低的投资机构，然而国内迄今为止，还鲜有这样的艺术品投资机构。

上海市商贸旅游学校文物鉴定专业和会计专业的五位同学看中了这一商机。在咨询了财务和专业教师后他们立即行动起来。他们选择经过专家鉴定的高保值、升值空间大的艺术品进入平台进行众筹，根据艺术品的市场价值设定众筹价格。当众筹金额达到艺术品的购买条件时，结束这一艺术品的众筹并进入艺术品投资阶段。另外，他们还将消费者自己希望投资但资金不足的艺术品放到众筹平台上进行公开众筹。通过这种方式他们获得如下收益：首先是艺术品升值收益，对于通过众筹购买的艺术品，进行网上拍卖和管理，拍卖获得增值收益，收取其中的3%作为佣金，这是公司的主营业务收入。剩余的收益作为消费者投资收益返还。其次是艺术品销售佣金，个人或者机构委托在众筹平台用于销售的艺术品，通过众筹售出后，向艺术品原持有人收取一定的佣金。最后，还有咨询费，他们利用专家团队和平台优势为机构和个人投资者提供艺术品投资咨询，并收取一定的咨询费用。

这个创业项目在 2015 年受到许多古玩爱好者的热捧，目前，这五位同学已经毕业，他们全力投入到这个创业项目中，忙得不亦乐乎。

练习与检测

一、如果你有技术技能的特长，请完成以下任务。

1. 写出你的兴趣、爱好。

2. 写出你的性格特点。

3. 分析你的技能特长可以为哪些行业服务？

二、细读模块 2.1 中都卫俊的创业案例，回答以下问题。

1. 你觉得都卫俊创业成功的要素是什么？

2. 你是否有解决困难的思路和勇气，并举例说明。

3. 你还在业余时间学习其他什么技能吗？你认为这些技能对你创业能带来哪些帮助？

三、如果你像陈松亮一样有整合资源的能力，请回答以下问题。

1. 分析本模块创业故事中的陈松亮整合了哪些资源？
2. 你参加过社团活动吗？回顾一下社团活动中你最有感触的经历。
3. 分析你现在有哪些资源可以整合？整合后能满足市场的哪种需求？

四、在下图和下表中填上你的相关内容。

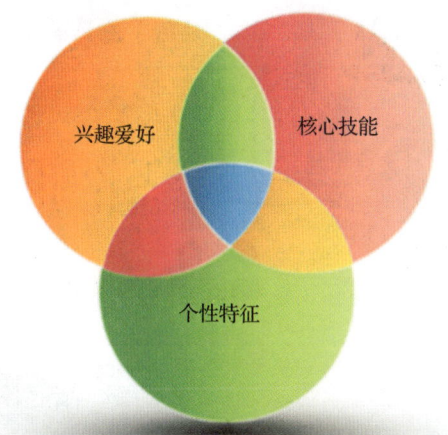

个性特征列举

兴趣爱好列举

核心技能列举

写出三个圆交汇处的内容：＿＿＿＿＿＿＿＿＿＿＿＿＿＿＿＿＿＿＿＿＿＿

模块 2.3　撰写创业计划书

活动地图

创业讲堂　　　　　创业模拟室

创业工坊

活动路径

学习目标

1. 学习写创业计划书。
2. 完成自己创业计划书的写作。

 任务描述

经过前面几个模块的学习，创同学团队已经完成了对创业的基础理论和实践认知，创老师感到同学们是时候开展创业的系统设计了，于是决定这次的学习任务是撰写创业计划书。

 任务实施

一、听创业故事

一份获得天使投资的优秀创业计划书

北京时间7月25日，中午一点烈日炎炎，中关村创业大街天使大厦4层"创客全球"活动却吸引了一批有理想、有抱负的创业人士，前来参加猎云网北京站第4期创业路演。

秉承着免费搭建投融资平台的宗旨，猎云网北京站第4期"创业路演"邀请了包括同渡创投、创客总部、德丰杰资本、亿联资本、三行资本、合力投资、苏河汇、极客邦创投、天使湾资本、大河创投、元晟资本在内的11家投资机构。从50个预选项目中筛选了10个优质项目参加本次路演，每个参赛项目路演10分钟。在众多的路演项目中，"小日子APP团队"立足于文艺情怀，以探店发现为基本思路，以全球多城市布局为核心竞争点，解决社会新兴主流消费群体和移动互联网年轻一代的购买需求，帮助商户缓解了推广和营销压力。凭着他们的一份专注于推荐本地特色生活方式的商业计划书，获得时尚传媒集团1 000万元天使资金。

同学们听完了故事，但还是不太清楚，创老师又详细地讲起了创业计划书。

二、学创业之道

1. 为什么创业前要写创业计划书？

人们常常有这样的感觉，许多事情在脑子里想的时候，感觉大概就是这样子的，但落笔写下来的时候你会发现还存在许多需要解决的问题。所以你逼着自己用几个简单的点写清楚的时候，你已经强迫自己在整理思路了。创业者在从事创业活动之前也需要做这项工作，那就是将自己的创业规划写成一份创业计划书。

2. 创业计划书的作用是什么？

创业计划书的功能有两个：一是行动指南，二是融资文件。一份有分量、设计严密的创业计划书是迈向创业成功的第一步。

三、边学边问

创老师打开了关于创业计划书的PPT，详细地给同学们讲解创业计划书的结构和写作方法。

创业讲堂

创业计划书

（一）什么是创业计划书

创业计划书，又名商业计划。是创业者在企业成立之前就某一项具有市场前景的新产品或服务，向潜在投资者、风险投资公司、合作伙伴等游说以取得合作支持或投资的可行性商业报告。

创业计划书包含以下几大部分的内容：项目概要、公司描述、产品与服务、市场分析、竞争分析、商业模式、财务分析、附录。

创同学：

是不是创业的企业都要写创业计划书？

创老师：

创业计划书的内容是创业者在创业之前需要想到的。虽然没有具体的规定要有具体的文字，但一份完整的创业计划书比仅在大脑中的思考更能够让投资者看到你对创业各方面的考虑。

> **创业讲堂**
>
> （二）创业计划书的作用是什么？
> 1. 它是你推广自己梦想，筹集梦想准备金的重要工具。
> 2. 它能帮你整理自己的创业思路。

创同学：
创业计划书这么重要，是不是有很严格的要求呢？

创老师：
是的，它有很完整的结构和明确的写作要求。

四、边学边做

同学们来到创业工坊，在创老师的指导下学习写作创业计划书。

> **创业讲堂**
>
> 创业计划书第一部分：项目概要
>
> 这一部分你要用最简单的话说明白你的公司从事什么样的产品或者服务，要做什么事情，要帮助用户解决什么问题。
>
> 这部分的要求是：简明扼要。
>
> 具体如下：
> (1) 清晰描述你的创业项目即你的产品或服务。
> (2) 明确表述你的创业项目能解决用户的什么问题。

同学们完成的练习：

本项目计划建设区域性网上超市，针对上海市松江大学城师生群体，构建"实体超市＋网上超市"的新型销售模式，为大学城25万多名师生这一庞大的消费群体提供便捷的网上购物，线下送货的服务。

> **创业讲堂**
>
> 创业计划书第二部分：介绍公司
>
> 这一部分介绍公司的宗旨和目标、发展规划和策略，以及创业团队，包括团队成员各自的优势。
>
> 这部分的要求是：用简短的话概括性说明。
>
> 具体如下：
>
> （1）公司的宗旨。
>
> （2）公司的名称、公司的结构。
>
> （3）公司成员组成，并说明各成员的优势。

创同学完成的练习：

公司的名称：大学生校园超市。

愿景：用我们的努力和专业才智把它做成学校超市中的No.1。

创业团队：共由7人组成。

指导专家：张凡（具有丰富的创业指导经验，指导多个创业团队）。

经营顾问：李敏（曾任虹口区联华超市经理，有丰富超市经营经验）。

成员1：赵玮（经理，营销专业中职毕业，曾参与外校同学超市创业，有超市创业及经营的经验）。

成员2：张炎（会计，会计专业中职毕业，曾在商业企业会计岗位实习）。

（其他成员情况略）

> **创业讲堂**
>
> 创业计划书第三部分：产品和服务
>
> 在这一部分介绍公司的产品或服务，描述产品和服务的用途和优点，包括有关的专利、著作权、政府批文等。
>
> 这部分的要求是：用精练的语言描述产品和服务的内容。
>
> 具体如下：
>
> （1）产品形式。如微信公众号、网站、APP、实物等。
>
> （2）核心功能。如社交等（简要描述其核心功能）。
>
> （3）产品优势。如便捷等。

创同学完成的练习：

我们的校园超市主要提供副食、百货以及收寄快递服务，满足大学生的日常生活的需求。产品供应由联华超市供应链提供，接受联华食品安全的全面监管。

创业讲堂

创业计划书第四部分：市场分析

市场分析，通过对当地市场的情况包括同行业者经营情况的分析，找到自己公司在市场中的位置，详细分析出你的目标客户以及他们的购买特点和消费方式。

这部分的要求是：通过市场数据分析，让大家看出你的产品和服务的市场潜力，让大家了解你为什么现在做这件事情？

具体如下：

(1) 描述市场状况。
(2) 分析目标市场。
(3) 分析目标消费群。
(4) 分析销售战略。

创同学完成的练习：

校园超市位于松江大学城的学生公寓内，在目前学生公寓内没有便利店的情况下，本超市的建成具有绝对的市场优势。超市的目标消费群体主要以学生为主，其每个月的生活开支一般在300～600元，具有购物次数多，单次金额较少的大众消费特点，购买项目多以食品、饮料及文具用品为主。因此我们这个项目填补了学校校园内没有超市的空白，方便了教职工和同学们的工作和生活。经统计预测，开这家便利店可以满足学校师生在校85%的日常用品需求。

创业讲堂

创业计划书第五部分：商业模式

商业模式是指创业企业的收入模式。商业模式应当从三个方面介绍，一是眼前怎么生存下来。二是企业持续靠什么挣钱。三是企业的愿景是什么。

这部分的要求是：简单明了地使投资者了解企业是如何赚钱的。

具体如下：

(1) 开业之初，靠什么获得收入维持经营？
(2) 经营稳定后，主要业务有哪些？
(3) 创业企业发展的愿景如何。

创同学完成的练习：

我们校园超市的商业模式将采用联华超市标准经营模式，市场定位在价格上不高于校内外周边同类便利店。宗旨是"方便学生，价廉物美"，以方便取胜，以价廉取胜。企业愿景是致力于建立校园中的"沃尔玛"。管理上采用店长负责制，营业时间为6:30～22:30，主要利润来源是商品销售获得的利润。从市场调研来看学生的日常购买需求旺盛，能够长期持续提供利润。

创业讲堂

创业计划书第六部分：竞争力分析

分析出竞争对手是谁？有什么样的核心竞争力？在技术、市场方面有什么跟别人不一样的特质？你是否拥有能阻止其他人进入的技术壁垒或法规？

这部分的要求是：找准对手以及对对手的精准分析，这将是在未来竞争中正确决策的可靠保证。在计划书中分别根据产品、价格、市场份额、地区、营销方式、管理手段、特征以及财务力量来划分重要竞争者的类别。

具体如下：

(1) 确定谁是你的竞争对手。
(2) 分析那些近年来成立和倒闭的企业。
(3) 分析现存的企业。
(4) 把自己的商业模式与竞争者作比较。

创同学完成的练习：

我们校园超市主要竞争对手是校门口附近街道上的多家小超市。我们最大的优势是地理位置，工作时间师生在我们这里购物更加方便，"校园一卡通"可以在我们这里使用，这是我们独有的优势。另外我们还有优惠购物的措施，例如，用"校园一卡通"购物可以享受97折的优惠，在门店活动时优惠会更多。

创业讲堂

创业计划书第七部分：收入与支出

收入与支出是指创业公司的财务收入和支出。

这部分的要求是：用财务的盈亏平衡表显示收支预测。

具体如下：

(1) 通过销售收入分析或预测盈利能力和持久性。

(2) 通过成本费用分析或预测成本、毛利和净利达到收支平衡所需的时间。

(3) 通过现金流量分析或预测达到正现金流所需的时间。

(4) 做出预计利润表和预计资产负债表。

(5) 测出资金需求量——公司实施该业务计划需要的资金。

(6) 预测每月资金支出是多少？

创同学完成的练习：

我们的校园超市位于松江大学城内，享受多种税收优惠政策。同时该项目采取自筹资金合伙入股为主、风险投资为辅的模式。股本规模及结构暂定为：公司注册资本10万元，其中风险投资入股7万元（70%），自筹资金3万元（30%）。第一年估计盈利8万元，投资回收期为16个月。争取在2年内成为值得信赖的校园超市，4年后增开新的分店，经营更多的商品类别。

创业讲堂

创业计划书第八部分：风险分析

风险分析是指在创业计划书中还应该对创业经营中关键的风险和问题进行充分的讨论和分析。并制定应急计划应付可能出现的风险和问题。

这部分的要求是：尽可能全面列举出风险。在计划书中你不仅要一一列出这些风险，还要说出对这些风险的应对方案。

具体如下：

(1) 列举出关键风险。

(2) 针对风险，列举出防范措施和应对方案。

创同学完成的练习：

校园超市面临的最主要风险是政策风险，如果出现限制校园内开设店面的政策规定，将给开店造成致命打击。

另外，经营中，商品采购风险也存在，如果商品的进价过高，或商品不对路，将严重影响商品的销售，导致亏损。

为了降低风险，我们聘请了有10年便利店管理经验的联华超市李经理给我们做指导（李经理非常欣赏我们创业的勇气，愿意免费担任我们的超市经营顾问）。

练习与检测

一、说说创业计划书的构成。

二、请模仿下面给出的创业计划书案例,写出你的创业计划书。

> 案例 >>>

校园网络超市创业计划书

　　随着信息技术的发展,我国电子商务企业的迅速崛起,不少传统超市已经感受到了生存空间在不断缩小,威胁在不断增大,这种状况在相当长的时间内将会延续并将逐步扩大。纵观欧美等发达国家,传统零售与电子商务的紧密结合已成为了传统百货发展的主流。而当前我国不少大型零售商家也纷纷发展网上业务,特别是在一线城市进行大规模的投入。据悉,传统实体店与电子商务的结合发展将是未来发展的一大重要走向。

　　本项目正是对传统超市百货行业发展趋势的探索与开拓,利用电子信息技术,借助互联网、手机等媒介,开展当下最为流行的电子商务活动。通过调查的研究发现,以广州市大学城为销售市场,以高学历、网络使用率高的超25万多名在校师生为目标顾客,构建"实体超市+网上超市"的销售模式,实行购物满一定额度免费送货上门的服务方式。开展网上购物业务是一项可行性极高的项目。首先,网上超市及百货业送货上门服务在大学城尚属首例,其次,针对大学校园的区域性网上超市不仅能克服传统超市销售区域有限、面向人群有限的缺陷,还能解决大型电子商务企业运送成本高、投入成本大、送货速度慢的弊端。最后,网上超市能够满足很大一部分人的购物需求,特别是在恶劣天气等情况下。我们将始终牢记良好的信誉、可靠的质量、优质的服务、实惠的价格、丰富的活动形式、便捷的购物通道、及时的送货上门是我们网上超市不断发展和前进的根本。我们计划本项目在发展前期将以提高网站的知名度为主要任务,通过与大学城周边实体商店和相关网上团购网站合作,借助线下线上同步宣传的方法,充分利用团队成员在校的人脉关系,增加校园网上超市在校园内的知名度。接着,将团队成员的在校同学、朋友作为网上超市业务的首批顾客对象，并逐步向更大的范围扩散，提高首次在网上超市购买的体验人数。然后，提高顾客的忠诚度，让首次体验的人再次购买直至成为常客。后期，逐步提高网上超市的业务范围，不仅涉及师生日常用品，满足消费者的生活基本生活需要，还要把网上超市这个平台向体育用品、图文书籍、电子数码、二手交易、招聘求职等多方面发展，构建一个综合性、一站式的购物平台，更好地为全校师生服务。将零库存、快速送达的B2C的新方式推广到全广州的大学生群体中，并以各大学城为据点，依靠传统物流的中枢——大型超市将触角伸向全广州。超市位于大学城内，享受多种税收优惠政策。同时该项目采取自筹资金合伙入股为主、风险投资为辅的模式。股本规模及结构暂定为：公司注册资本10万元，其中风险投资入股7万元（70%），自筹资金3万元（30%）。第一年估计盈利8万元，投资回收期为16个月。争取在2年内成为值得信赖的校园网络超市。4年后增开新的网店，经营更多的商品类别。

1. 创业团队

创业团队聘请具有创业实战经验的刘永作为创业顾问，聘请具有两年个人站长经验，熟悉建站、美工、SEO优化的李道跃作为技术顾问。创业团队具体包括体育产业研究生2人，体育管理方向研究生1人，社会体育方向研究生1人，体育教育研究生1人。随着业务的扩大，我们也会逐步扩大自己的团队，提升团队的业务能力，定期开展员工培训。特别是邀请网店经营专家定期开展讲座。

2. 产品服务

本项目计划建设区域性网上超市，依托广州市大学城学生群体，构建"实体超市＋网上超市"的新型销售模式，为大学城25万多名师生提供便捷的购物网上订单、线下送货的服务。此类项目，在大学城尚未开展，根据调查约89%的学生可以接受校园网上超市，市场前景广阔。我们将整合在校团队的人脉资源，充分利用课余时间勤工俭学的在校学生，迎合大学生网上购物的消费习惯，弥补实体超市受地域限制大、服务范围小、购买人数少和大型综合性网上超市受物流体系不完善、配送成本高、服务效率低、投资成本高、回报周期长等多方面的缺陷。校园网上超市秉承让顾客百分百满意的服务理念，始终承诺保证商品的质量，开通多种便捷的购物方式，及时安排人员送货上门，坚持优质的售后服务。前期将以低价策略，动员团队成员身边的朋友向全校师生辐射的拓展路线，让更多的人了解和体验校园网上超市购物服务，以高效、便捷、实惠的优质购物体验来开拓大学城网上零售市场，占领大学城的一部分零售市场份额。紧接着，我们会通过秒杀活动、打折返现、会员换礼等形式来培养并提高顾客的忠诚度。然后整合校园内外的优势资源使校园网上超市朝着一个综合性的服务平台发展，不仅为在校师生提供网上购物服务，还要将其打造成一个集校园交友、校园二手交易、求职招聘等信息全面、便捷的媒介平台。

(1) 基本服务

初期通过与实体超市的合作以及公司自身采购适量的热销商品，在网上超市上挂出多种多样的商品，方便顾客选购，并且在服务区域内提供免费的送货上门服务，实现方便、快捷、实惠一体化的目的。

给一些高校在网上开店的学生提供免费的链接，实行统一发布，在宣传他们网上店铺的同时，也为我们的网站增加浏览量。

(2) 增值服务

顾客在验收商品以后若发现质量问题可直接提出，经核实以后予以退换。食品饮料类商品在顾客下单后半个小时内送达，其他商品在顾客下单后一个小时内送达。另外，顾客还可自行选择送货时间。

在各节假日期间，我们将定期安排一系列的优惠服务，传达节日祝福。

高教园区任何实体商店都可免费申请本平台的链接。

购物方式有三种，即实体店选购、网上订购和电话订购。

实体店选购：为了增强购物体验，我们将会在大学城内建设一家相应的实体店，顾客可以在空闲时间到实体店进行选购。

网上订购：用户注册—登录—选购商品—确认并付款。

电话订购：电话订购服务方式，主要是为了方便一部分不能上网的顾客（比如大一新生），电话订购同样能享受快捷、方便的送货上门服务。

(3) 盈利模式

1) 主要商品（主要是学生日常经常购买的商品，如：食品）直接从供应商处批发进货，自行销售，从而获取利润。

2) 部分商品通过和实体超市合作，销售他们的商品，实行利润分配，降低成本和风险。

3) 待网站的客户群体基本稳定之后，逐步取消与超市的合作，改为完全自己进货，以实现更高的盈利。通过网络营销等手段打开网站的访问量以后，吸引商家对本网站进行广告投资，实现虚拟资产的盈利。

3. 公司战略

第一阶段（2013年3月10日—4月10日）：项目计划论证期。本阶段的主要目的是对该项目进行系统深入的了解，通过查阅书籍文献、走访专家、市场调查、实体案例分析等方式，对该项目加深认识。

(1) 信息收集：通过学校图书馆、数字资源、互联网等多种途径，了解网上超市发展前景、销售模式、网站建设、配送流程、组织结构安排、运营思路等信息。

(2) 实体案例分析：本项目所计划构建的校园网上超市项目，属于区域性网上超市的一种。我们一方面和服务于大学校园的区域性网上超市，比如湖南工业大学校园购物吧（www.gd958.com）、南通校园网超宅乐买（http://www.zhailebuy.com）、成都市大学校园的时时送（www.ssszm.com）等多家网超取得了联系；另一方面对服务于社区的区域性网上超市，比如邻味网（http://www.linwei.com）等进行了数据整理与分析。

(3) 市场调查：针对大学城在校学生消费能力及消费习惯的问题，制作并发放了网络问卷，发放问卷300份，回收率为97%，真正收集到了大学城市场的第一手数据。

第二阶段（2013年4月11日—5月12日）：前期筹备阶段。

本阶段是在上一阶段的基础上结合大学城的实际情况，开展网站建设、产品与服务规划、商家洽谈等前期筹备工作，主要包含以下内容：

(1) 产品与服务规划：商定该项目所销售的产品和提供的服务内容，确定该项目的大致发展方向，制定详细的营运计划。

(2) 网站建设：参照其他购物网站的建设模式，"取其精华，去其糟粕"。在现有人力和财力的基础上，迎合大学生的心理特征，改进并完善网站前台和后台。注重提高用户体验，构建一个浏览速度快、视觉效果好、操作简单的网站，让顾客真正的体验到网上购物的舒适和方便。

(3) 商家合作洽谈：在购物网站产品与服务规划的基础上，与相应的超市百货、文体用品等商家进行合作洽谈，构建一种互利共赢的合作模式。

(4) 商品上架与营运测试：对合作商家所提供的商品进行网超上架，并邀请同学在一段时间内进行前后台运行测试，熟悉并亲自对订单处理、商品分拣、送货签单等流程模拟操作。

模块 2.4　组建创业团队

活动地图

创业讲堂　　　创业工坊　　　创业模拟实训室

活动路径

项目二 创业准备

 学习目标

1. 学习如何组织创业团队。
2. 组织自己的创业团队。

 任务描述

当创老师说我们这次的任务是学习组建创业团队时,大家以为创老师说错了,同学们认为自己创同学团队已经是一个团队了呀?创老师听了大家的议论笑了起来,看来让大家学习如何组织真正意义的创业团队非常重要,于是告诉大家:我们这次的任务就是学习如何组建创业团队。

 任务实施

一、听创业故事

"莫仕"皮具店

陈文琳同学是上海市商贸旅游学校营销专业2011级的学生,刚进学校时,课余时间天天沉浸在玩游戏的快乐中。一天在家吃晚饭时,在上海城皇庙做皮具生意的妈妈的一句话引起了他的注意。"生意一天比一天难做,现在大家都到网上买东西了,我们不会网上开店怎么办呀?"说者无意,听者有心。陈文琳心想"为何我不能开家网店呢?"网上开店的冲动让他思考了一晚上,"如果我一人开店,能否有能力和精力承担全部的工作?""需不需要找几个朋友一块来开店呢?""应该找什么样的人呢?"

经过思考之后,陈文琳发现虽然他本人对网络营销很有兴趣,但自己对财务、对产品还很外行,靠自己一个人开家网店还真有点力不从心,于是,他就动员学财务的妹妹和在纺织学校皮具设计专业学习的老同学一起合伙。就这样,以陈文琳为经营核心的"莫仕"皮具网店开张了。淡忘了游戏转而热衷于开网店的陈文琳,带领大家,各展所长。一年下来,"莫仕"皮具网店越来越红火,连他的妈妈也加入了团队,负责网店的客服工作。

看了陈文琳的创业过程，同学们兴奋不已，不少同学想了解这些同学是如何一起进行创业的。在热烈的交流之后，创老师开始讲解关于创业团队的组建。

二、学创业之道

创业团队是指在创业初期（包括企业成立前和成立早期），由一群才能互补、责任共担、愿为共同的创业目标而奋斗的人所组成的特殊群体。俗话说："一个好汉三个帮。"创业者想要成功必须和创业团队抱成一团，共同用智慧去创造新的财富。确立创业项目之后，创业的第一步就是要组建创业团队。

三、边学边问

如何才能组建优秀的创业团队呢？创老师打开关于团队建设的PPT。

创业讲堂

组 建 团 队

（一）创建团队的要素

1. 创业目标（purpose）：创业团队有一个明确的目标，目标引导团队成员的思想和行为。没有目标，团队就没有存在的价值。

2. 创业人员（people）：人是构成创业团队最核心的力量，三个或者三个以上的人就可以构成团队。

3. 创业团队的定位（place）：创业团队的定位是指团队成员进行明确分工，确定各自承担的责任。

4. 权限（power）：确定团队各组成人员的权力。

5. 创业计划（plan）：创业计划是团队未来行动的方案、目标实施的具体工作程序。

创同学：
建一个创业团队和建一个企业的组织一样吗？

创老师：
差不多，但创业团队更强调志同道合。创业团队其实就是创业企业早期的管理层。

> 创业讲堂

（二）创业团队的类型及特点

1. 星状创业团队

在团队形成之前就有一个核心人物，他的创业想法形成团队的思想，团队也因他的思想而组建，成员也由他来选择，成员在团队中更多的时候是担当支持者的角色。

特点：

（1）团队结构紧密，向心力强，团队领导者对其他成员影响大。

（2）决策程序相当简单，团队效率较高。

（3）团队权力相对集中，决策失误风险较大。

（4）领导者拥有绝对的权威，当成员与其发生冲突时，成员往往选择脱离团队。

2. 网状创业团队

成员一般在创业之前就有密切的关系，比如同学、亲友、同事、朋友等，全体成员形成共识后进行共同创业，在企业内部并没有权威，成员依据各自的特点进行自我角色定位。

特点：

（1）团队没有明显的核心，表现较为松散。

（2）决策时，一般通过大量沟通和讨论达成一致意见。

（3）团队成员地位平等，一般容易形成多个领导。

（4）团队成员发生冲突时，一般采用协商解决，不会轻易离开，如果冲突升级可能导致团队解散。

创同学：

这2种方式有好坏之分吗？

创老师：

没有好坏之分，不同的项目适应不同的方式，一般来讲星状的创业团队效率更高。

创业讲堂

3. 创建团队的要点

创业团队虽小,但是"五脏俱全",组建团队的要点主要有以下三点。

(1) 要有一个核心带头人

创业团队中必须有一个可以胜任的领导者,这位领导者,并不是单单靠资金、技术、专利来决定的,也不是谁出的点子好谁当头的。这种带头人往往是创业企业的创始人,是被团队成员发自内心认可的核心领导者,是关键问题的决策人。

(2) 创业团队成员的多元化

创业团队成员应各有各的长处,大家结合在一起,正好是相互补充,相得益彰。策划能力极强的人,帮助周到的分析整个公司面临的机遇与风险;擅长财务的人考虑成本、投资、收益的来源及预期收益;执行能力较强的人,具体负责下面的执行过程;创新意识非常强的人,可帮助公司决定未来的发展方向,为公司战略作决策等等。

(3) 创业团队成员数量

创业团队成员最佳数量是2～5人。成员过多不易形成向心力,管理上也有一定的难度。

创同学:

创业团队中不可少的是哪几类人才?

创老师:

营销人才、技术人才、管理人才。

四、边学边做

在创老师的启发下,同学们都开始重新组建自己的创业团队,其中米印的创业团队创老师最为满意。

他们交上来的团队创建结果具体如下。

米印创意工坊团队创建

米印工坊团队成员都为美术设计与制作专业的二、三年级学生，在米印创意学生工作室经历了1～2年的实战锻炼。团队技术骨干都是全国职业技能大赛影视后期制作项目或上海市星光职业技能大赛影视后期制作项目的金牌或银牌获得者。他们经历过"魔鬼式"的训练，对宣传片制作的工作流程熟练、特效技术精练、尤其善于剪辑宣传片。由于是美术生，所以对视觉表现、设计美感的把握很好，对于影视包装特效尤为擅长，可以按照客户需要设计相应的风格效果。这些成员都是电影、音乐的发烧友，平时喜欢集体"拉片"，阅片量大。善于自己通过各种途径搜集素材、影片资源做借鉴。每个学生都有独立完成从脚本—拍摄—剪辑—特效—合成的能力，但每个学生各有特长。整个团队有活力，精力充沛，工作态度积极，能加班熬夜。

项目经理兼创意总监：张京。她思维敏捷、性格内敛、稳重。有多年工作室经验，2016年全国技能大赛影视后期制作项目二等奖获得者。负责把控影片的制作品质和工作进度。

客户总监兼视频制作：於眸雯。她活泼、善于交流、有亲和力，擅长接人待物，对商务敏感。善于绘画、美术设计，动手能力强，原上海市商贸旅游学校创意社社长，能独立承担影视后期的制作。负责客户接洽、商务谈判、合同签订、后续商务处理，同时兼任后期制作。

视频剪辑：蔡怡磊。她活泼，善于交流，有亲和力。善于阅读、思考，对音乐敏感，阅片量大，剪辑功力强。负责视频剪辑、为宣传片增加特效效果。

特效、客户维护：杨伟雄。他情商很高，善于交流，学习能力强，应变能力强，善于特效制作和三维动画制作。负责视频拍摄、图片处理、线上线下推广。

摄像、摄影：杨忆卿。她性格内敛、做事踏实、积极、主动、细致，有耐心。负责为整个团队提供后勤支持，包括财务管理、办公条件配备及人力资源管理。

练习与检测

一、阅读马云关于阿里巴巴创业团队的讲话，然后回答问题。

找对人就成功了90%。

任何事情都有一个keypoint（关键点），抓住它就可以解决90%的问题。在建立团队这件事情上，我认为keypoint就是找对人。

我们的产品总监Felix说过一句很牛逼的话："务虚的人在一个务实的团队当中活不下来。反之亦然。"每个团队都有它的气质，就像每个人都有自己的性格。味道对的人，他第一天来上班就会让人感觉他已经来了很久。味道不对的人，总有一天要离开。

请相信我，别以为自己能通过培训改变一个人的思维方式，那会让你付出90%的时间而只能获得10%的效果。你的团队文化塑造工作，90%取决于面试的那几十分钟。

我们要的人需要具备这样一些特点：

自我驱动，有强烈的愿望成为一个出类拔萃的人，而非安安稳稳过小日子。

专注纯粹，愿意对所做的事情投入100%的精力，而非总是想着给自己留条后路。

勇敢乐观，敢于挑战高难度的任务，而非畏首畏尾。

善于学习，stay hungry, stay foolish，拥有持续进步的能力，而非坐吃山空。

有责任心，看到问题能够指出问题并解决问题，而非视而不见或者抱怨别人。

有人可能会说，你要求太高了吧，这么完美的人哪有那么多啊？我想告诉大家一个残酷的真相：好的人才总是扎堆聚集的，因为他们很难在一个平庸的团队里生存，这就叫物以类聚、人以群分。如果你的要求很高，你就会有越来越多的高素质人才。如果你让平庸的人进入团队，那你就会让其他的人难过，最终让整个团队平庸。

问题：马云说的组建创业团队要找对人，指的是哪些人？

二、写出你的团队组建计划。

项目三 创业行动

项目故事

上海市商贸旅游学校为了让美术专业学生的综合能力有进一步的提升，学校领导提出了一个想法：让美术专业的学生单独成立一个工作室，利用学校的师资优势帮助他们创业，通过逐步锻炼使他们在毕业以后有在市场上独立打拼的能力。为此，学校选拔了7位有创业兴趣和意向的同学，为他们配备了金牌指导教师阮毅作为技术辅导，在阮老师的帮助下，他们组成了学生创业团队开始创业。

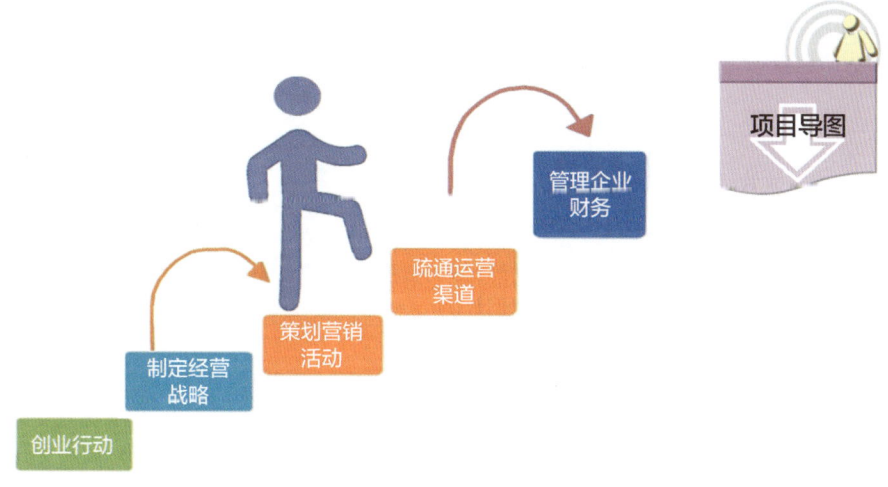

项目导图

模块 3.1　制定经营战略

活动地图

创业讲堂　　　　　　　　创业模拟实训室

创业工坊

活动路径

项目三 创业行动

 学习目标

1. 学习经营战略的制定方法。
2. 学会制定企业经营战略。

 任务描述

米印项目创业团队的同学已经正式组队了,他们团队也参加了创业知识的学习,经过创老师的比较评估,进入创业中心的创业孵化器,创业工作坊开始试运营,创老师交给他们的第一项任务是学会制定企业的经营战略。

 任务实施

一、听创业故事

车模小店

王宇枫曾就读于烟台信息工程学校电子商务专业,毕业后,根据个人的爱好开了一家车模专营店。他最初开店只是为了实现自己作为男孩子喜爱汽车的梦想,但是参与其中之后,才明白光有梦想还不够,还需要有其他各方面的协助才行。

"我喜欢车,我的伙伴熟悉汽车,我们可以有一个非常好的搭配。"王宇枫所说的搭配就是按照顾客的需求对车模进行改装。他的这一举措得到不少车模爱好者的青睐,小店的生意也逐渐红火,开业3个月便收入4 800多元,这人生第一桶金,大大超过王宇枫的预期。

尝到甜头的王宇枫,又把车模店开到了网上,区分了不同的顾客群,让所有光顾小店的人都能找到适合自己需求的车模。"我是学电子商务的,对于网购这种形式再熟悉不过,运用好它对我们店未来的发展有很重要的意义。"

谈起创业的困难,王宇枫说:"大部分人不喜欢困难,是因为困难确实很难、很烦,让我们心烦不安,让我们觉得委屈,会产生很多的抱怨,但是你会发现如果没有这些困难,你就无法锻炼自己解决困难的能力。创业需要有自己的经营战略,否则很难在市场上立足,经营战略决定了创业企业的生死存亡。"

创业的成功经营决策非常重要，作为创业团队的负责人需要制定一个有效的经营战略，才能带领团队向正确的经营方向前进。

二、学创业之道

1. 为什么说学习模仿是创业的捷径？

学习他人，在初次创业者人群中比例很高，因为对于初次创业者而言，模仿可以大幅降低成本和风险。通过模仿，往往能够收到事半功倍的效果。模仿，能够使创业者找到一根很好的参照标杆。比如，谁的市场占有率最高？谁的产品技术含量最高？谁的客服水平最佳？谁的设计研发能力最强？谁的制造技术最先进？所有这些方面都可以成为创业者去模仿、追赶的目标，只有这样才能使自己少走弯路。

2. 模仿就是照抄照搬吗？

在进行创业模仿时，创业者还应该把握好一点，就是不要一味地去照搬照抄模仿对象的一切，而应该根据自身的实际情况，有所鉴别、有所改进地去模仿，最为宝贵的是要有创新。这样一来，既能够避免法律上的纠纷，同时也能更好地打造出自己的核心竞争力。虽然被模仿对象的商业模式、管理方式甚至产品都是可以模仿的，但是它们的核心竞争优势及组织文化往往是模仿不到的，所以，创业者在模仿别人时应注意去打造属于自己的东西，在模仿的基础上做到超越。

3. 模仿时是否应当关注对方相应的知识产权？

创业模仿的大忌是完全"照搬"，因为这样的模仿很可能会出现"水土不服"的现象，特别重要的是要注重对方拥有的知识产权，不要因为模仿而触犯法律，对涉及知识产权的问题应当谨慎处之。因此，在模仿的过程中，应有自己的创新和改进。只有这样才能形成自己独特的竞争优势，才能有利于创业的成功。

三、边学边问

同学们在创老师的带领下边看PPT边提出自己的问题。

创业讲堂

创业企业经营战略

（一）业态、业种与业制

业态是指为了满足某类目标顾客的消费需求而形成的经营形式。它的主要内涵是怎么卖。

业种是指为了满足顾客的某用途而形成的营业种类。它的主要内涵是卖什么。

业制主要是体现经营的产权关系。

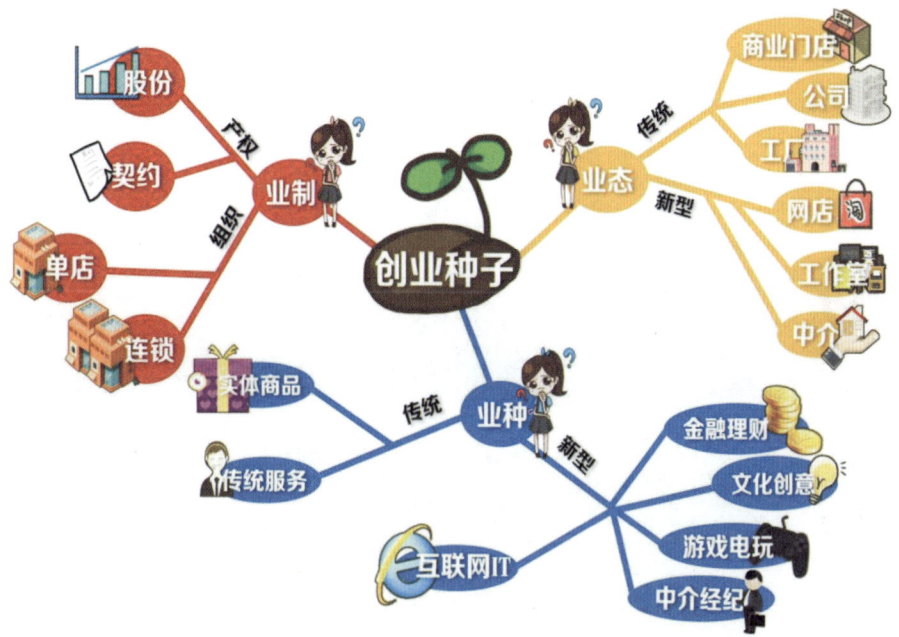

创同学：

这是一张什么图？

创老师：

这是一张选择业种、业态、业制的思维导图，我们经营前首先要按照这张图给自己的项目定位。

创业讲堂

(二) 模仿的方式

1. 商业模式的模仿

在现实中很多创业者都是对行业先行者的模仿,尤其是赢利模式或经营模式上的模仿。

2. 对产品的模仿

这是创业者想进入某一市场及进行市场定位的一种有效方法,即通过模仿现有市场上的产品而推出自己的产品,可以搭乘顺风车。但是,对产品的模仿一定要在不侵犯对方知识产权的范围内。

3. 对经营细节的模仿

瞄准被模仿者经营方法的某一个细节方面,去进行专注而到位的学习、跟进乃至超越。

创同学:

经营细节模仿难度大吗?

创老师:

经营细节模仿往往是最难以模仿的,如果无法将经营细节模仿到位,那么别说超越被模仿者,即使要顺利生存下去都是一个很大的问题。因此,创业者必须专心学习。

创业讲堂

(三) 学习制定经营战略

经营战略是在综合考虑外部市场机会及内部资源状况等因素的基础上,确定目标市场,选择相应的市场营销策略组合,并予以有效实施和控制的过程。

采用SWOT分析法,对企业的优势、劣势、机会、威胁进行综合的分析,然后对各方面内容进行综合分析和评估,从而选择最佳经营战略。

1. SO战略(优势+机会)

即扩张战略,当企业内部优势明显且与外部机会相互一致时。企业可以利用外部机会，充分发挥自身优势，使机会与优势充分结合。

2. WO 战略（劣势＋机会）

即防卫战略，当环境提供的机会与企业内部资源优势不相适合，或者不能相互重叠时，企业的优势再大也得不到发挥。在这种情形下，企业就需要提供和追加某种资源，以促进内部资源劣势向优势方面转化，从而迎合或适应外部机会。

3. ST 战略（优势＋威胁）

即分散战略，当环境状况对公司优势构成威胁时，优势得不到充分发挥，出现优势不优的脆弱局面。在这种情形下，企业必须克服威胁，以发挥优势。

4. WT 战略（劣势＋威胁）

即退出战略，当企业内部劣势与企业外部威胁相遇时，企业就面临着严峻挑战，如果处理不当，可能直接威胁到企业的生死存亡。企业应克服劣势，回避威胁。通常企业会选择退出行业，将资金投入到更具吸引力的业务或行业。

创同学：

经营战略对企业的意义是什么？

创老师：

创业企业生存和发展是主要的目的，有相应的经营战略，创业企业才能长久的生存和持续发展。

创业讲堂

（四）学会进行市场细分

市场细分是指营销者通过市场调研，依据消费者的需要和欲望、购买行为和购买习惯等方面的差异，把某一产品的市场整体划分为若干消费群市场的过程。细分后的市场都是具有类似需求倾向的消费者构成的群体，它帮助创业者准确地找到自己的目标市场。

常见的市场细分标准有：

1. 按地理细分的标准：国家、地区、城市、农村、气候、地形。

2. 按人口细分的标准：年龄、性别、职业、收入、教育、家庭人口、家庭类型、家庭生命周期、国籍、民族、宗教、社会阶层。

3. 按心理细分的标准：社会阶层、生活方式、个性。

4. 按行为细分的标准：时机、追求利益、使用者地位、产品使用率、忠诚程度、购买准备阶段、态度。

5. 按受益细分的标准：追求的具体利益、产品带来的益处，如质量、价格、品位等。

创同学：

市场细分标准对市场细分的作用是什么？

创老师：

细分市场要依赖于市场细分标准。市场细分的标准是进行市场细分的依据，企业依据这些标准，来区分消费者需求的相似性和差异性，从而对市场进行细分。凡是使顾客需求产生差异的因素都可以作为市场细分的标准。

创业讲堂

（五）学会选择目标市场

企业在划分好细分市场之后，可以进入既定市场中的一个或多个细分市场。但能成为企业目标市场的是经过选择后最有利于企业发展的市场，企业进行目标市场选择的主要步骤是：

第一，评价细分市场

主要评价两个方面：一是市场的规模和发展的潜力，二是符合企业目标和现有能力。

第二，选择细分市场

创业企业要选择一个或几个适合自己的细分市场。

第三，选择目标市场战略

目标市场战略有五种：集中化战略、产品专业化战略、市场专业化战略、选择性专业化战略和全面覆盖战略。

从这五种市场模式中选择最合适的一种战略为企业的目标市场战略。

创同学：

五种战略模式的具体内涵是什么？

创老师：

集中化战略是指企业的目标市场，无论对顾客或是对产品，都集中于一个细分市场。企业只有一种标准化产品或服务，只供应某一类顾客群。它适合于刚创业，规模较小的企业。产品专业化战略是指企业面对所有的细分市场只生产经营一种产品。当然，由于面对不同的顾客群，产品在档次、质量或样式等方面会有所不同。它适合于有一定的经验和规模的创业企业采用。市场专业化战略是指企业向同一细分市场提供不同类型的产品。这对企业要求较高，产品和服务个性化强的创业企业适合采用这种战略。选择性专业化战略是指企业有选择地进入多个细分市场，并向这些细分市场分别提供不同类型的产品。有利于分散企业的经营风险，即使失去某一细分市场，企业仍可在其他细分市场赢利。全面覆盖战略是指企业全方位进入各细分市场，为所有细分市场提供它们所需要的不同类型的产品。这种战略的风险大，对于创业初期的企业不建议采用。

创业讲堂

（六）初创企业的两种战略定位

创业企业进入目标市场时，竞争者的产品往往已在市场露面或形成一定的市场格局。这时企业就应认真研究同一产品在目标竞争对手中的位置，从而确定本企业产品的有利位置。

对于初创企业的战略定位有两种：

1. 对峙定位

对峙定位是指企业选择靠近现有竞争者或与现有竞争者重合的市场位置，争夺同一个顾客群体，依据企业各方面的实力正面迎接竞争对手的挑战，做竞争中的胜利者。

2. 避强定位

避强定位是指企业回避与目标市场上的竞争者直接对抗，将其位置确定于市场"空白点"，开发并销售目前市场上还没有的某种特色产品，开拓新的市场领域。

创同学：

采用哪一种定位是由企业自己来决定吧?

创老师：

是的，采用哪一种定位是由企业依据企业的实际情况来决定。

四、边学边做

听了创老师的讲座，米印创意工坊的创业团队经过反复的讨论后写出了自己的经营战略。

米印创意工坊的经营战略

（一）战略环境分析

1．市场机会分析

（1）市场状况分析

据相关信息统计，自20世纪80年代以来，中国广告制作业的营业额年均增速保持在30%以上，远远超过GDP的增长速度，中国也因此成为全球广告业发展最活跃的国家之一。

随着影视技术的迅猛发展，企业宣传片在许多国家和地区得到了广泛的应用，积极推动着各行各业的发展。上海是国际化大都市，同时也是长三角经济区的龙头区域。上海市企事业单位云集，是米印工坊的重要市场。

根据2014年度上海广告市场状况报告可看出，互联网媒体广告市场份额逐年扩大，传统媒体广告收入全面下降。除广播媒体广告逆势上扬之外，电视媒体以及报纸、期刊等平面媒体的广告营业收入均同比下降，其中平面媒体首现两位数降幅，四大传统媒体广告营收整体下降，同比降幅3.3%。与此相对地，互联网媒体广告收入则继续增长，增幅52%。互联网媒体广告占五大传播媒介的总量份额继续扩大，由2013年的31.5%上升至2014年的42.3%。

由上述信息可知：随着互联网媒体的兴起，具有互联网时代特性的集声音、图像于一体的宣传片，将获得越来越多的关注与青睐。

(2) 关于全国宣传片的市场需求估计

据《中国工商报》报道，2015年全国新登记企业保持高位增长，"截至9月底，全国实有各类市场主体7 511.3万户，比2014年年底增长8.4%"。

长三角地区作为全国经济龙头地区，保守估计企事业单位数量200万家，按照5%的企事业单位具有宣传片制作需求来计算，共有10万部宣传片市场需求。米印工坊经过努力，按照1%的市场占有率来计算，每年有1 000部宣传片的制作业务。而且每年随着企事业单位数量的增加，业务量将不断增加。

2．本项目的优势分析

米印工坊具有以下优势：

(1) 高素质的专业人才：由众多有影视制作、专业设计等行业背景的人才组成的优秀团队。

(2) 强大的硬件支持：项目团队借助于学校影视制作实验室的硬件设备，可以制作高水平的宣传片。

(3) 有效的资源整合：项目团队借助于学校的优势力量，广泛与企业展开合作，有效整合校内外资源。

(4) 超高的性价比：米印工坊的团队成员大多是影视专业的学生，不但具有专业的技术水平，同时还具有低廉的人力成本。因此同质量的产品对客户的收费，将会明显低于市场平均水平。

(5) 优秀的指导教师：借助于商贸学校的资源优势，米印工坊不但有专业的项目团队，同时有高水平的指导教师阮毅——全国职业院校"金牌指导教师"，她所指导的团队多次荣获国家、上海市奖项。阮毅具有13年专业影视后期制作和指导的经验。她将全面负责对米印工坊的整体规划、运营、宣传片设计与实现进行指导。

3．项目竞争威胁与劣势分析

米印工坊的竞争对手，主要是小型的制作公司，如上海桃溪文化传播有限公司、上海壹峰文化传播有限公司等。这些公司往往经验丰富，技术较强，水平较高，客户资源多，但受办公场地租金、设备费用、人员工资等成本的影响，企业运营负担重，宣传片制作成本高，因此价格偏高。

以上竞争对手虽然造成了一定的经营威胁，但这些公司的技术团队往往不够稳定，或者人力资源配备不够齐全，技术人员的水平难以保障。相比之下，米印工坊的技术全面，水平较高，且因为没有办公用房成本、设备成本，人力成本较低，宣传片制作成本不高，所以能够以较高的性价比赢得市场的认可。

(二) 米印工坊市场定位

米印工坊定位于上海市一流的专业影视制作项目团队，成为大型影视公司比如观池影视、汉唐影视以及大型公关公司的外包团队，主营宣传片制作、广告片制作、现场活动拍摄制作，为企事业单位的产品介绍、影视招商、会议暖场、活动宣传、微电影、企业宣传、产品宣传、展会宣传、影视专题、招商宣传、纪录片、MTV、工程记录宣传、工作汇报宣传、专题片、晚会年会视频、专题纪录片、党政机关宣传、房地产类宣传、金融类宣传等提供各类视频制作。

(三) 具体经营战略分为四个阶段

阶段一：做好企业宣传片和产品宣传片。

阶段二：做好活动宣传片和形象宣传片。

阶段三：增加图文设计、个人宣传片和广告的制作。

阶段四：在做好自身业务的基础上，筹建影视制作联盟，搭建影视制作生态圈。

练习与检测

一、阅读下面这份创业团队项目经营战略报告，分析它的优点和缺点。

随着艺术品市场的繁荣兴盛，越来越多的投资者开始关注艺术品投资领域，艺术品投资不仅能满足大众精神文化的需要，还能起到保值和财富传承的作用。与其他投资形式相比，艺术品投资风险最小，投资潜在收益却非常高。虽然艺术品投资的高收益、低风险性特征有着极大的吸引力，但对大众来说，艺术品投资往往可望而不可即。这主要来自于两方面，一是艺术投资的风险主要在于对艺术品的鉴别能力与变现能力，即能否鉴赏与识别艺术品以及购入真正的艺术品以后，能否尽快出手变换成现金；二是艺术品投资往往具有初始投入高的特点，很多人的收入水平达不到投资艺术品的要求。这两个问题阻扰了很多人进入艺术品投资领域，尤其是在当今假货、仿品等盛行的情况下。整个艺术品市场需要一家专业性强、进入门槛低的投资机构，然而国内迄今为止，还鲜有这样的艺术品投资机构。以下是我们慧眼识金创业项目的经营战略分析报告：

1. SWOT 分析

(1) 优势

1) 投资相对风险小且收益回报高。在保真和经济稳定的前提下，艺术品投资是保值的。艺术品投资活动和渠道都比较稳定，这也大大减少了风险。因为艺术品投资与各经济指标关系不密切，所以在复杂的经济环境中，艺术品投资都远高于债券、股票、房地产等投资形式。本项目主要的产品醴陵瓷已成为身份和地位的象征，在国际上享有盛誉，越来越受中、西方各界收藏主流人群的关注，更受到众多商务人士的喜爱，并应用到其工作、生活当中。醴陵瓷在过去十年已经升值超过10倍，其相对于其他品类的艺术品有着更高的保值、升值空间和更广阔的市场。

2) 突破传统的艺术品投资模式。本项目采用众筹的方式进行艺术品投资，投资者通过众筹平台可以直接参与某件艺术品的买卖，且投入成本低，这大大降低了大众的投资门槛。相比于其他类型的艺术品投资形式，投资者可以以更低的门槛直接参与到艺术品投资中。

(2) 劣势

1) 艺术品投资的自身缺陷。艺术品投资有流通性不足和保管难等缺陷。首先，艺术品短期不易变现，这使得投资的资金运作难以兼顾收益率和灵活性。再者，在艺术品日常保管方面，技术上也不成熟，增加了管理成本，而且我国目前没有艺术品保险业务，投资者存在规避风险的困难。

2) 艺术品的稀缺性。无论在哪个国家，艺术品都存在稀缺性，基本上是一个存量市场。尤其是已故艺术家的作品，因为不可能再有新的创作。哪怕是在世艺术家也因创作数量有限，在需求不断增长的情况下，供给基本恒定了。

(3) 机会

1) 政策环境宽松。2009年9月由国务院发布《文化产业振兴规划》，其中要求以结构调整为主线，扩大产业规模，增强文化产业整体实力和竞争力；之后在我国"十二五"规划和中共十七届六中全会精神中都提出了大力扶持文化产业发展的要求。

2) 市场广阔。随着我国经济改革开放的深入，拥有较雄厚经济基础的富裕阶层也逐渐出现，选择艺术品领域来投资升值的人员逐渐增多。

3) 艺术品投资方式不断创新。艺术品众筹是艺术品投资和金融创新的一种新的形态。另外，由于互联网的发展，也涌现了很多艺术品电子交易平台，如：佳士得拍卖公司、雅昌艺术网等都有了艺术品电子交易平台。

(4) 威胁

1) 市场管理机制不完善。艺术品投资在我国尚处于起步阶段，相关的规章秩序并不规范。我国没有独立健全的艺术品税种，艺术品过海关的检查也没有具体标准。另外，我国仅在1997年颁布了一部《中华人民共和国拍卖法》(2015年作了修改），法律空白点还有很多。拍卖行业出现假拍、不付款、赝品等现象，究其根源，还是对艺术品流转、保藏、投资过程中市场管理机制的不足，也体现了艺术品市场中的制度风险和系统风险。

2）竞争者威胁。众筹模式进入门槛低，具有很强的可复制性，因此，现有的京东、淘宝等大型网络交易平台很可能成为潜在竞争者，它们具有庞大的用户基础和强大的平台设施与技术，如果开展艺术品众筹业务将对本项目产生较大的冲击。另外，威胁也来自行业内的现有竞争者，艺术品投资领域艺术品私募、艺术品信托等已经有着较为成熟的发展模式和平台基础，是本项目的直接竞争对手。

3）国外投资的冲击。中国艺术品投资市场是一个相对开放的市场，一定程度上受国外投资导向和国际热钱流动的影响，我国会随着国外资金的动态产生相应的反应。

2．经营战略

慧眼识金团队的五位同学在咨询了财务和专业老师后立即行动起来。他们选择经过专家鉴定的高保值、升值空间大的艺术品进入平台进行众筹，根据艺术品的市场价值设定众筹价格（一般在艺术品价值的1%到10%）。当众筹金额达到艺术品购买条件时，结束众筹并进入艺术品投资阶段。另外，他们还允许消费者自己希望投资但资金不足的艺术品放到众筹平台上进行公开众筹。公开众筹收益如下：首先是艺术品升值收益。对于通过众筹购买的艺术品，进行网上拍卖和管理，拍卖获得的增值收益，其中的3%佣金作为公司的主营业务收入。剩余收益作为消费者投资收益返还。其次是艺术品销售佣金。个人或者机构委托在众筹平台提供的用于销售的艺术品，通过众筹被购买后，向艺术品原持有人收取一定的佣金。另外，还有咨询费，利用专家团队和平台优势为机构和个人投资者提供艺术品投资咨询，并收取一定的咨询费用。

二、写出你们创业小组的经营战略。

模块 3.2　策划营销活动

活动地图

创业讲堂　　　创业模拟实训室

创业工坊

活动路径

学习目标

1. 学习创业中营销活动的策划。
2. 会给自己的创业项目策划营销活动。

 任务描述

学习了创业的经营战略之后,创同学团队详细地对自己的经营战略进行了谋划,紧接着的任务就是策划具体的营销活动,一起来看看创同学团队是如何给自己策划营销活动的吧。

 任务过程

一、听创业故事

起飞的钻石小鸟

在上海的职业学校里,大家都知道钻石小鸟的创业故事,因为它谱写了一个职业学校学生创业的传奇。

徐潇是从上海信息技术学校毕业的一名职校生,利用自己对电子信息方面的知识,刚工作的她动起了在易趣网店上卖钻石的脑筋。创业之初,她定的营销策略就是:诚信经营、货真价实,做生意就是做口碑。徐潇在网上卖掉的第一枚钻石售价3 000元,当时她花了整整一个月的时间与哈尔滨姑娘进行沟通。那时的网上交易没有支付宝担保交易,买家款到才能发货。哈尔滨姑娘收到钻石后去当地鉴定,鉴定师肯定了钻石的质量,果然不错,是真货。渐渐地,通过客户的口口相传,徐潇的客户越来越多,2004年,徐潇的网店每月销售额已经达到30万元。2011年,钻石小鸟的平均客单价在1万元左右。

2007年,钻石小鸟拿到了风险投资。2012年,钻石小鸟的上市计划也提上了日程。徐潇说即使真上了市,她也未必多么激动,因为对创业者来说,只是钱的来源发生了改变。

创老师让创团队的同学说说钻石小鸟为什么能成功,不少同学认为创业业主徐潇的营销方式是让她能够成功的重要原因,创老师正准备与同学们学习新的一课"创业企业制定营销战略"。

二、学创业之道

1. 什么是营销？

营销是指企业发现或挖掘准消费者需求后，通过整体氛围的营造以及自身产品形态的营造去推广和销售产品。它是在切合准消费者需求的基础上，让消费者深刻了解该产品进而购买的过程。

营销的目的是产生可持续性收益。

营销的本质是抓住用户的需求，并快速把需求商品化。

2. 营销组合是什么？

依据营销组合要素的演变，营销组合具体分为：

（1）以满足市场需求为目标的 4P 组合

美国营销学学者麦卡锡教授在 20 世纪 60 年代提出了著名的 4P 营销组合策略，即产品（Product）、价格（Price）、渠道（Place）和促销（Promotion）。他以满足市场需求为目标，将一次成功和完整的市场营销活动，概括为以适当的产品、适当的价格、适当的渠道和适当的促销手段，将适当的产品和服务投放到特定市场的行为。

（2）以追求顾客满意为目标的 4C 组合

美国营销专家劳特朋教授在 1990 年以消费者需求为导向，重新设定了营销组合的四个基本要素，即消费者（Consumer）、成本（Cost）、便利（Convenience）和沟通（Communication）。它强调企业首先应该把追求顾客满意放在第一位；其次是努力降低顾客的购买成本，然后要充分注意到顾客购买过程中的便利性，而不是从企业的角度来决定销售渠道策略；最后还应以消费者为中心实施有效的营销沟通。

（3）以建立顾客忠诚为目标的 4R 组合

21 世纪初美国营销学者艾略特·艾登伯格提出 4R 营销，重在建立顾客忠诚。它阐述了四个全新的营销组合要素，即关联（Relativity）、反应（Reaction）、关系（Relation）和回报（Retribution）。4R 理论强调企业与顾客在市场变化的动态中应建立长久互动的关系，以防止顾客流失，赢得长期而稳定的市场。

3. 如何学习营销？

创业公司在起步阶段都需要有一个掌握营销技巧的人。作为一家初创公司，初创阶段需要去弄清楚谁会买你的产品和服务，他们想花多少钱，买多少东西和服务。最为重要的是，你要弄清楚怎么样才能把产品和服务卖给他们。这就需要从营销要素的分析入手，学习营销的技术。

（1）分析 4P

通过分析做出以下决策：

你卖什么产品和服务？

你以什么价格卖这些产品和服务？

你在哪里卖这些产品和服务？

你用哪些策略让消费者愿意购买产品和服务？

（2）实现 4C

通过四个方面解决消费者的痛点。

实现消费者满意。

实现消费成本降低。

实现购买和使用便利。

实现买卖双方通畅交流与沟通。

（3）细化 4R

培养消费者的忠诚：关注关联，让消费者体验到你的周到；关注反应，让消费者体验到你的细心；关注关系，让消费者体验到你的情感；关注回报，让消费者对你心存感激。

三、边学边问

说起营销往往让人望而生畏，很多人都会以"我从没做过销售，不知该从何下手"为理由，拒绝参与营销。但对创业者来说最好的营销人员就是创业者自己。因为，相对于其他人来说，创业者在销售方面本身具有很大优势。这不仅仅由于创业者对产品的热情最大，还因为创业者的产品知识以及创业过程中解决问题的经验，都是营销制胜的法宝。创老师接着打开了PPT。

创业讲堂

（一）市场调研方法

了解市场是营销取胜的基础，从调研做起，就是营销的起步。

市场调研可以有问卷调研、访问调研、观察法、实验法，其中问卷调研是使用最广泛的市场调研方法。

创同学：

为什么调研市场才能了解市场？

创老师：

我先给大家讲一个故事：在上海南京路有一家久享盛誉的百货公司"永安百货"。它的创立者郭氏兄弟初到上海时，对把商场建在南京路南侧还是北侧，难下决断，于是派两个人各背两条麻袋，一袋空，一袋装着黄豆，分别站在南北两侧，过一个人，放一粒黄豆在空袋里。计算的结果南侧行人多，地址就选在南侧了。

在商场布局上也显示出郭氏兄弟重视调研的一面。永安大楼一期工程即将完工时，先施百货已经开始营业。先施鉴于广东人有爱好喝茶的习惯，商场进门处是面积较大的茶室，商场反而设在里面。郭氏经过观察则认为，这种设计不适合上海人，会影响营业。他们在商场设计时注意突出宽敞、大气，以迎合顾客追求顶级商场的心理。这种事事调研的精神成就了百年商厦"永安百货"。

创业讲堂

（二）说服顾客购买产品或服务的方法

创业之初，经常需要创业团队主力成员面对顾客，说服顾客购买产品和服务，没有营销经验的创业者往往感到为难，害怕失败，因为一旦失败往往会打击整体的士气。那么如何才能完成这项任务呢？

可以学习以下三种经典介绍产品的方法。

1. FAB模式

F（Feature或Fact）是指属性或功效，即产品有哪些特点和属性，例如："在功效相同的产品中，它是最轻的电子发动机，只有10 kg"；A（Advantage）是指优点或优势；例如："它足够轻，很方便携带和使用。"B（Benefit）是指带给客户的利益与价值。例如："这将减少你出行的整体重量，减少能量的消耗。"FAB法是将产品这三个方面分析出来,用以说服客户,促进成交。当我们介绍的利益与客户关注的利益相吻合,容易成功。

2. AIDA模式

A为Attention,即引起注意;I为Interest,即诱发兴趣;D为Desire,即刺激欲望;最后一个字母A为Action,即促成购买。AIDA模式是指把顾客的注意力吸引或转变到产品上,使顾客对推销人员所推销的产品产生兴趣,这样顾客欲望也就随之产生,而后再促使顾客采取购买行为,达成交易。

3. DIPADA模式

D为Definition,即准确地界定客户的需求;I为Identification,即将客户需求与产品结合起来;P为Proof,即证实推销的产品符合顾客的需要和愿望;A为Acceptance,即促使客户接受产品;D为Desire,即刺激客户的购买欲望;A为Action,即促使客户作出购买行为;DIPADA模式充分体现了推销洽谈的需要性原则和说服规劝原则。

创同学:

这些方法所有产品都适用吗?

创老师:

是可以用的,但对不同的产品,应选择最适合的方法。

创业讲堂

(三)处理异议的方法

创业初期的营销中,你的产品和服务即使不错,客户对你的销售也可能会有异议,面对异议可以对照以下表格来学习解决。

异议的类型	异议产生的原因	异议处理的方式
需求异议	对产品和服务的需求有异议	引导客户认识需求、发现潜在需求
能力异议	对是否有财力或决策权的异议	找到真正的决策人,评估能力,消除障碍
价格异议	感觉价高	分解价格,引导客户理解价格的合理性,或通过增加赠品或服务,提高客户的性价比感受

续表

异议的类型	异议产生的原因	异议处理的方式
产品异议	对产品品质不信任	提供充分的证据证明产品品质，对比说明产品优势
企业异议	不信任企业	用自己对企业的信心和信任打动客户
服务异议	服务不周到	拿出规范详细的服务规则和监控措施
时间异议	不是最佳购买时间	分析比较现在购买的利益，告知时间的紧迫性

创同学：
处理异议时对照表格做就行了吧？

创老师：
要先确定是哪一种异议，再对照表格做。

创业讲堂

（四）客户管理的方法

对创业者来说客户管理不仅仅是一项工作内容，更重要的是一种管理理念，抓住客户并使客户忠诚。针对客户的特点建立切实可行的客户管理模式，是实现营销4R的基础。

1. 评估你的客户

按客户能为企业提供的利润价值建立一套考评指标体系，从而对公司的客户做全面的评估，按得分的多少打分，找出重点客户。

2. 收集你的客户信息

对重点企业客户进行全面的SWOT分析。制定管理的关键环节，提升重点客户的管理水平。

3. 分析你与客户的关系

分析自己与客户之间目前的关系和业务活动。包括与客户过去的关系如何？曾提供过什么产品和服务？现在提供的是什么？客户原来和现在的销售记录和发展趋势如何？自己的业务人员与客户的关系如何？建立了什么关系类型？从而对自己和客户的关系有一个准确的定位。

4. 制定客户管理战略。确定你希望与该客户建立发展什么样的关系以及如何建立与发展这种关系。你可以与客户共同讨论自己的客户发展目标，与客户建立起一定的信任关系。对重点企业客户，应当与其共同制定一个远景目标规划，确定好行动计划。

创同学：
客户在流动和变化还需要管理吗？

创老师：
需要，因为我们最希望的是留住老客户。

创业讲堂

（五）市场推广的方法与手段

创业企业被市场认可的重要一环是成功的推广，它包括品牌形象建设、媒体广告投放、促销推广活动、公关活动。

1. 终端销售氛围的营造

终端销售氛围的营造，目的在于定位产品和服务品牌形象在目标消费人群当中的印象。终端销售氛围的营造可利用海报、支架、易拉宝等促销工具分别针对核心区域进行策略性包装；利用背景墙、灯箱、专柜等区域进行产品和服务形象的包装；调动一切可利用的终端一线人员专注于产品和服务的介绍。

2. 媒体宣传告知

市场推广活动的开展必须结合媒体宣传告知，使市场推广活动的信息得到最广泛的传播，诱导目标消费者发生购买行为。媒体宣传告知除了传统的电视广告、报纸广告、广播广告等外，还有如路演、软文、传单、邮报、手写海报、店内广播、门店显示屏、短信等。结合区域市场特点选择最有效的媒体宣传形式组合，以达到事半功倍的宣传效果。

3. 促销推广活动

从目标消费者的心里挖掘最富有触动性的促销推广活动主题，整合各种营销要素，形成终端与消费者互动的氛围，最大限度地拉近消费者与产品服务、企业的心理距离，最有效地推动产品销售业绩的持续增长。它可以是产品和服务为主题的促销推广活动或以季节特点为主题的促销推广活动，还可以是结合特定节假日的促销推广活动。

创同学： 市场推广需要专人负责吗？

创老师： 当然需要，专业人员才能够有精力做好市场推广工作。

四、边学边做

米印工坊团队讨论后向创老师交出了自己的营销战略。

米印工坊营销战略

1. 推广战略

上海是国际化大都市，同时也是长三角经济区的龙头区域。上海市企事业单位云集，是米印工坊的重要市场。米印工坊坐落于上海市商贸旅游学校，位于上海市的中心位置——人民广场区域，占据有利的地理优势。

根据上述有利条件，米印工坊的市场网络布局战略，就是立足上海，拓展长三角经济区，辐射全国。

（1）品牌战略

品牌定位：宣传片制作专家。

品牌价值：核心价值为"生动展现客户价值"。

品牌标语：有米印就有精彩展现。

品牌形象：专业级的视频展现。

目标消费群：需要进行形象展现的企事业单位或个人。

（2）市场推进战略

2016年，面向上海市企事业单位推广宣传。

2017年，面向长三角企事业单位推广宣传。

2018年，面向长三角、部分国内一线城市（如北京、广州、深圳、成都）企事业单位推广宣传。

2019年，面向全国企事业单位推广宣传。

（3）产品推进战略

2016年，以企业宣传片为主。

2017年,以企业宣传片为主,以个人宣传片、图文设计制作为辅。

2018年开始,在之前业务的基础上,运营视频制作社群,尝试打造视频产业平台。

2. 现阶段目标和策略

米印工坊注重出品品质,同时非常重视价格在竞争方面的作用。米印工坊的经营理念是"把艺术化的好产品,以适当的价格,销售给尽可能多的客户"。

米印工坊将通过与同行业交流、市场反馈来密切关注行业内其他公司的品质与价格,分析、研究竞争对手的价格策略,不断调整有利于本团队发展的销售策略,获得竞争优势。

公司的定价原则总的来说是高品质、低价格,致力于技术、质量领先,但不主张价格战。目前定价是在对比竞争对手的基础上,考虑合理的毛利率所做的合理定价。

看了这个营销战略,创老师为同学们的进步感到高兴,相信再通过几次训练,同学们一定能有更大的提高。

练习与检测

一、分析创业团队的营销策划方法。

海创咖啡营销策略

"海创咖啡"是一家以咖啡为主体,旨在为学生打造创业氛围的服务型餐饮店。所以店内除了咖啡之外,还提供给大学生一定的创业空间,让"大众创业,万众创新"的理念深入当代学生,特别是上海市商贸旅游学校的学生心中。同时,在店内也会有许多创业资讯,使整个店内洋溢着浓烈的创业氛围,让"海创咖啡"真正成为一个创业交流基地。

(一)营销方案

1. 产品策略——消费者个性需求的满足

(1)产品组合

根据观察校园周边奶茶店,团队发现学校大部分学生平均两天喝一杯奶茶,所以奶茶的市场还是很大的,我们就在菜单中加入两款奶茶。另外,由于学校地处繁华的南京路商圈,现代化的咖啡店很多,但是价格昂贵,不是学生可以接受的价格,所以我们主营中等价位的咖啡,在能给上海市商贸旅游学校的学生品味到咖啡味道的同时,也能感受到咖啡文化和老上海文化。另外,加入甜品糕点等来丰富菜单。根据男女的不同特点设计了大小杯,以满足不同客人的需要。也为情侣提供适合情侣饮用的套餐和饮品,为客人提供更人性化的服务。

(2) 新产品的开发

在当今社会,人们对商品的需求越来越多样化、个性化。特别是对于"海创咖啡"来说,主要的顾客是学校师生,他们对于产品的创新就更为关注。因此,根据这一特点,在适当的时期推出一些新产品,吸引更多的消费者,同时提高本店的竞争实力,稳定老顾客,吸引新顾客。

2. 价格策略——消费者接受为底线

一个合理的价格,也是吸引消费者的重要渠道之一,经过严密的市场调研和价格比对,制定菜单价格。

3. 促销渠道——巧妙借力模式

开店初期,必定要有一定的促销计划来支撑整个店面的运营。我们主张与社团等合作,借助这些组织在学生心目中的号召力,来提高咖啡店的知名度。同时,与学校热门微信公众号合作,在微信上推送相关软文宣传"海创咖啡",让"海创咖啡"在开张之前就深入同学心中。

(二) 具体营销方法

1. 会员卡制

开张一个月内,来店内消费后加20元即可办理会员卡一张,会员卡内含三杯免费任意饮品。

2. 月制热卖单品、新品推荐

根据销售情况,咖啡店列举出本月热卖单品,方便消费者选购。同时,咖啡店还会推出每月新品,新品有不同的系列,目前确定的有星座咖啡系列和随便饮品系列。现在学生对星座这一主题很感兴趣并有一定的研究,推出星座咖啡可以吸引他们的购物欲望。随便饮品是考虑到很多人在生活中有"选择困难症",推出随便系列咖啡可以解决他们这一方面的烦恼,当消费者不知道选什么时,来一杯"随便"就是他们的最佳选择。

3. 超值早餐

本店的主要受众是学生,推出超值早餐活动,可以让学生在本店以最优惠的价格快捷消费,购取低价咖啡和零食,开启一整天全新的学习生活。超值早餐的活动时间为每周三早上的7:30到9:30。

(三) 主题活动推广

1. 创业沙龙

每两周举办一次"创业沙龙",邀请校内外创业者、投资人分享交流,为创业者提供交流平台。

2."我也是歌手"活动

每两个月举行一次"我也是歌手"歌唱比赛，让消费者自主上台演唱，最后由在场的消费者投票，票数多者可获得当晚消费优惠的奖励。

3.创业项目路演

每一季度举行一次项目路演，邀请投资人指点项目，给创业者提供服务。

4.VC投资下午茶

每月举办一次，邀请知名VC投资人来分享，提供创业者与投资人面对面交流沟通的平台。

二、针对你创业企业的产品制定一个产品的营销推广活动。

模块 3.3　疏通运营渠道

活动地图

创业讲堂　　　　　　　　　创业模拟实训室

创业工坊

活动路径

学习目标

1. 学习创业企业运营的渠道及渠道疏通的方法。
2. 疏通自己创业项目的运营渠道。

 任务描述

学习了营销策划之后,创老师准备带领创团队学习运营渠道,从前面同学创业的各项计划书中,创老师感觉到大家还没有深入考虑渠道问题。对创业者来讲,渠道就是企业与外界的通道,渠道不畅通,创业者的努力都是白费。于是紧接下来,创老师要带领创同学团队学习运营渠道,以疏通自己创业项目的运营渠道。

 任务实施

一、听创业故事

GSA——孔令韬的绿色梦想

GSA,是指更绿色的上海行动(Greener Shanghai Action)。作为 GSA 的成员,孔令韬的目标只有一个,那就是用头脑与双手去净化环境,无论经历怎样的挫折都不会放弃,坚持去实现 GSA 的梦想,用赤诚之心为祖国铸成一道绿色的长城。孔令韬不是天生的创业者,从上海经济管理学校毕业的他凭着一股子倔劲在进入大学后开始了自己的创业之路。在一次参加学校环保的讲座中他了解到了 GSA 这个项目。GSA 是一项针对日益严峻的垃圾处理压力,旨在向上海乃至全国推广一种新型垃圾分类理念的行动——通过新型循环再生的理念,以环保生活品换取可循环再生资源。其目的是提高人们垃圾分类的环保意识,为建设更绿色的上海、更绿色的中国而努力。

在上海举办的世博会上,上海提出了"城市,让生活更美好"的口号,针对当下备受瞩目的全球变暖问题,"更绿色的上海行动"必将为城市吹入一股清凉的绿色之风,对上海建设生态宜居城市和循环经济体系具有积极的公益意义和社会价值。经过咨询、了解和思考,孔令韬决定就从这方面入手创业。

他清晰地规划出了企业的执行流程：围绕社区、学校和政企办公机构三大板块，分别就电子废弃物、塑料瓶和纸张等亟待分类的垃圾开展公益创意行动，开办"绿色英雄账户""绿色未来账户""绿色种子账户"，每家单位拥有一个绿色账户，执行各自的兑换准则，相应地换取布袋、文具和盆栽等环保生活品，以此向社会推广新型资源循环再生理念，从而起到保护环境、美化环境的效果。

他给自己定了明确的创业计划，即在一两年内，通过各类大赛或企业投资，筹集10万元创业启动资金。孔令韬寻觅着知音，以建立他的创业团队，扩容他的"脑库"，掀起强大的"绿色旋风"。在忙碌的创业准备中，他常会挤出时间去参加企业举办的各类大型交流会，或是上网浏览创业者论坛。在这些场合，能遇到各色人物，甚至有些行业的领军人物也会来招揽贤才。每次与人交流时，总会耐心地将别人所提的建议或是好的想法记录下来，以拓宽自己的思路，寻求更多的商机。对孔令韬来说，找到更多合适的商业伙伴，结交有识之士，才更为关键。

听完了老师的讲述，同学们非常佩服孔令韬同学，大家想着自己能从孔令韬同学创业的事情中学点什么？

二、学创业之道

为什么说渠道对创业企业的经营很重要？

创业要成功，运营渠道的建立必不可少。这里的渠道是指你的供给渠道和销售渠道，创业者要学会搭建这些渠道。渠道分为供给渠道和销售渠道。

供给渠道：帮助你的企业获得生产经营所需资源的路径。

销售渠道：帮助你的产品到达目标客户的路径。

渠道看似简单，但是要搭建好却需要创业者下一番功夫。

三、边学边问

创业讲堂

创业企业运营渠道

（一）供给渠道疏通——采购管理

采购是获取原材料的重要渠道，创业者做好采购管理将是提供优质产品和服务的前提，同时也是提高质量、节约成本的关键。

采购管理应当从哪几个方面入手呢？

1. 建立全国优秀的供应商系统。从给本企业供货的供应商中筛选优化出优秀的供应商，达到每类产品和服务保持有2～3个供应商。

2. 定期评审供应商。从财务方面、生产设备、产品质量认证和开发能力几个方面对供应商进行评审，通过实际考察后，评审信息进入采购供应档案系统。

3. 实施规范招投标过程。只有标书发布范围内的供应商才能投标；在开标后，各供应商的报价都是公开的。评标的结果保存在信息网中，便于以后核查。这样就避免了供应商通过各种关系进入招投标。规范的招投标流程才能保证你能获得有品质保障的供应商。

创同学：

采购管理是不是对企业很重要？

创老师：

当然很重要，采购成本对产品成本起决定性作用。

创业讲堂

（二）销售渠道疏通

销售渠道是指产品从生产者向消费者转移所经过的通道或途径。销售渠道的起点是生产者，终点是用户，中间环节包括各种批发商、零售商、商业服务机构（如经纪人、交易市场等）。

1. 影响销售渠道选择的因素

（1）产品因素

包括单位产品价值的大小、产品重量和体积的大小、产品的式样、产品的特性、通用产品还是定制产品、产品的技术服务、新产品的使用地域范围大小。

（2）市场因素

包括市场面的大小、用户的购买习惯、市场销售的季节和时长、竞争者的销售渠道等。

（3）企业本身的因素

包括公司的规模和声誉、管理的能力和经验、销售渠道的控制程度。

2. 销售渠道的类型

(1) 按照商品在交易过程中是否经过中间环节来分类，可以分为直接式和间接式两种类型。

(2) 按其长度来分类，可以分为长渠道和短渠道，商品从生产领域转移到用户的过程中，经过的环节越多，销售渠道就越长；反之就越短。

创同学：

商品的间接式销售渠道有哪些类型？

创老师：

消费品销售渠道的类型包括生产者—消费者、生产者—零售商—消费者、生产者—代理商或者批发商—零售商—消费者、生产者—代理商—批发商—零售商—消费者。

工业品销售渠道的类型包括生产者—工业品用户、生产者—代理商或者工业品经销商—工业品用户、生产者—代理商—工业品经销商—工业品用户。

创业讲堂

(三) 选择销售渠道的策略

采用直接式的销售渠道策略还是间接式的销售渠道策略、长渠道策略还是短渠道策略，必须综合考虑商品的特点、市场的特点、企业本身的条件以及策略实施的效果等。

创同学：

如何正确选择销售渠道策略呢？

创老师：

1. 适合采取直接式销售渠道策略的情况

市场集中，销售范围小；技术性高或者制造成本和售价差异大的产品、易变质或者易破损的商品，以及定制品等。企业自身市场营销能力和管理能力较强，经验丰富，财力雄厚，或者需要高度控制商品的营销情况。

2. 适合采取间接式销售渠道策略的情况

市场分散，销售范围广，技术性不强或者制造成本和售价差异小的商品，以及不易变质及非易碎商品、日用品、标准品等。或者企业自身市场营销能力较弱，管理能力较差，财力薄弱，对其商品和市场营销的控制要求不高。

3. 适合采取短渠道销售策略的情况

易腐、易损、价格贵、时尚、新潮、售后服务要求高而且技术性强的产品，零售市场相对集中，需求数量大的产品。或者是企业的销售能力强，推销人员素质高，资金雄厚，增加的收益能够补偿花费的销售费用的情况。

4. 适合采取长渠道销售策略的情况

非易腐、非易损、价格低、选择性不强、技术要求不高的产品；零售市场较为分散，各市场需求量较小的产品；或者是企业的销售能力弱，推销人员素质较低，缺乏资金，增加的收入不能够补偿多花费的销售费用的情况。

四、边学边做

学习了渠道策略的知识后，创老师对同学们讲，创业团队要学会搭建自己的运营渠道，还要会疏通自己的运营渠道，保证渠道的畅通。孔令韬同学在创业过程中不断地利用一切机会宣传自己的项目，就是一个找渠道、搭建渠道的过程。

这时，纪念日创业团队（美术专业同学组成）交来了他们的渠道策略方案给创老师，这是美术专业的同学设计的创业项目，具体创意是建立以"纪念"为主题的一站式创意咨询工作室。为用户提供从创意咨询、创意设计到创意生产的一站式服务，通过制定个性化的用户解决方案真正满足全方位覆盖的用户需求。

下面是他们的渠道策略：

"纪念日"项目渠道策略

本项目以上海市商贸旅游学校为中心，向其他职业技术学院校逐步扩散，并进一步向多阶层人群拓展。在产品库方面，已经建立起多达35种纪念品种类，148种纪念品样式的产品库，并正在通过用户私人个性化定制创建更加丰富和具有创意性的产品中心。而在渠道方面，目前工作室已经整合上下游资源，实现了创意品低成本生产，并正在进行更多渠道的整合。

具体的销售渠道是：

1. 线上直销

工作室通过运营自己的个性化微信公众号以及品牌微店，通过互联网直接传播。日常通过个性化软文、创意图片展示等方式来进行用户与品牌之间的互动，并完成线上用户的转换。

2. 口碑营销

口碑营销的方式在相对封闭的校园环境中是非常重要的一种营销方式。工作室通过客户群的逐渐积累，在学生群体中形成了优良口碑，并通过邀请分享等方式吸引学生群体将工作室信息宣传出去，逐步树立积极的品牌形象。

3. 线下展览

每学期工作室会举办线下展览，将工作室的优秀作品、明星产品进行公开展示，吸引同学关注并实现销售转化率。

创老师看过之后，让纪念日团队的同学再补充上供应渠道的策略，因为这样才是完整的渠道策略。

米印工坊团队也积极地交上了他们的渠道推广策略，创老师看了后认为写得比较实用，很具体，可实施性强。以下是米印工坊渠道策略。

米印工坊渠道策略

米印工坊的渠道推广分为三种：线上、线下、合作单位。

1. 线上推广宣传

(1) 微信公众号：米印坊。

(2) 微博公众号：min-factory。

(3) 企业网站：www.min-factory.com。

(4) 短信推广：通过中国移动、中国联通、中国电信短信群发业务，向潜在客户群发推广短信。

(5) 通过58同城、百姓网等渠道，发布推广消息。

2. 线下推广宣传

通过现场摆放易拉宝、条幅，发放宣传单等形式，向潜在客户推广米印。具体地点有：商务楼宇、经济园区、大型会展活动场地等。

3. 合作单位推广

通过第三方合作单位推广，合作的方式可以是无偿推广、有偿推广。可合作的单位有：影视制作公司、同行视频制作公司、企业去哪网、企业注册网、中国展览网、上海市企业联合会、各类行业协会等。

无偿推广的方式为口碑传播。在米印工坊以优质的品质、合适的价格为一定数量的客户提供服务之后，会形成一定的口碑传播效应，从而为米印工坊带来潜在的业务来源。口碑传播存在着无意识的被动传播和有意识的主动传播，米印工坊将大力推动合作单位进行主动传播。

有偿推广，基本合作单位为商业化的机构，比如同行视频制作公司，他们可能会将自身无法完成的订单转让给米印工坊，转让成功后，可支付一定的转让费用。

练习与检测

一、阅读下面的案例，并回答后面的问题。

谈到如何成功创业，比尔·盖茨的思维模式、做事的方法和一般的企业家是不一样的。美国《财富》杂志和《福布斯》杂志曾访问比尔·盖茨，询问他成为世界首富的秘诀，比尔·盖茨回答说，他之所以成为世界首富，除了知识，除了人脉，除了微软公司很会营销之外，还有一个大部分人没有发现的关键——就是眼光好。

比尔·盖茨所说的"眼光好"有三层含义：

第一是要掌握最大的趋势。

微软公司的英文名字叫作Microsoft，事实上是由Micro和Soft两个词组成。Micro代表的含义是Microcomputer，是微电脑的意思；Soft代表的是Software，是软件的意思，是给微电脑使用的软件。当比尔·盖茨创业的时候，全世界最顶尖的公司叫IBM，由汤姆·斯沃森领导。当时一台电脑有现在我们整个摄影棚这么大，但是比尔·盖茨的眼光已经看到25年之后，我们的桌上会摆上一台小型的电脑。IBM则不是这样认为，这从它的名字也可看出来：I代表Internation即国际，B代表Business即商务，M代表Machine即机器，所以IBM认为它的主要顾客是公司而非个人，而公司一般用大型电脑。

1977年，美国有一个人叫史蒂夫·乔布斯，他创办了苹果电脑公司。苹果电脑叫作Apple PC，PC代表的真正含义就是Personal Computer，即个人电脑，乔布斯在24岁的时候资产一度高达5亿美元，成为全美年轻人崇拜的偶像，而那时比尔·盖茨啥都没有。但是25年之后，盖茨身价超过600亿美元，乔布斯身价才10亿美元，盖茨的身价超过乔布斯65倍。难道盖茨比乔布斯聪明65倍吗？不可能。是因为盖茨的眼光比乔布斯更好。我们常说，信息时代掌握信息资讯非常重要，事实上盖茨说这个不太重要，掌握未来的趋势才是最重要的。所以很多人在掌握信息，而盖茨这些最会赚钱的企业家在掌握趋势，而且要掌握全世界最大的趋势。乔布斯掌握了个人电脑的趋势，但盖茨了解控制电脑硬件的是软件，软件应该是一个更大的趋势，所以盖茨成为了世界首富。

第二是你的市场要大。

我曾经在马来西亚的吉隆坡演讲，演讲完后有一个人很兴奋地跑过来说，听完演讲，他的人生有了一个伟大的目标——成为世界首富。我知道我的激励效果不错，但没想到两小时可以把他的梦想激发到如此程度。我问他是从事什么行业的，他说从事美容保养品。我问他美容保养品在未来是不是最大的趋势，他说应该不是。我说："你在哪里卖你的美容保养品？"他说："就在马来西亚，就在吉隆坡。"我问："这位先生，马来西亚占整个地球有多大？"他的脸突然变得有点绿，他说："不是很大。""吉隆坡占马来西亚有多大？"他的脸更绿了。我又问："在马来西亚吉隆坡有多少人在卖皮肤保养品、美容保养品？"他说："非常多，几百家。"我说："全世界这么大，你只瓜分到这么一点点的市场，请问这位先生，你会成为世界首富吗？"他说："不会。"

那么全世界有多少人使用电脑呢，数目惊人。你们的电脑打开后应当和我的一样，是Windows界面。正因为全世界有数目庞大的人群使用电脑，90%的人又都使用盖茨的Windows软件，而且人群还在不断扩大，所以盖茨能成为世界首富。

第三是从事竞争对手少的行业，竞争对手越少越好。

世界最早、最出色的软件公司叫什么名字？微软公司。世界第一家可乐公司叫什么？可口可乐公司。世界第一家最顶尖的商务用电脑公司叫什么？IBM。通常最早做的都很容易成为第一品牌。假设大家现在肚子饿了，面前有一块很大的蛋糕，如果一个人来吃，他可以随便吃；如果有30个人要吃怎么办，抢着吃。你们喜欢随便吃，还是30个人抢着吃？当然是随便吃。所以一般人时常有一个错误的观念：这个人赚钱多，我该去加入他从事的行业。这就好像看到一个人吃蛋糕，他吃得津津有味，你此时加入，就只能吃到他剩下的。所以我们假如眼光真的好的话，我们要第一个从事某个行业，我们要第一个创立公司，我们要选择竞争对手少的行业来做。因为孙子兵法谈到，兵法最高的战略也即是企业最高的境界，就是不战而胜。

在比尔·盖茨还没有成为世界首富之前，他是世界排名第二位，当时的世界首富是山姆·威顿——沃尔玛百货公司的总裁。山姆·威顿在美国开了4 000家沃尔玛购物中心，如果一天考察一家店，得十余年才能考察完毕。于是我发现这些人赚钱这么多的理由很简单，就是因为他们的量很大。量大就是致富的关键。这句话真正的意思，也就是说还没有赚钱的只有一个原因，就是量不够大。

量为什么不大？我认为有以下几个原因：

第一个就是市场的需求量不够。假设今天从事卖汽车的交易，你希望卖桑塔纳，还是希望卖劳斯莱斯？卖桑塔纳可能使你开的车是劳斯莱斯，卖劳斯莱斯可能你得回去开桑塔纳。这是个事实，劳斯莱斯公司就卖给了大众汽车公司。为什么会这样，因为可以购买劳斯莱斯汽车的这个市场需求度太小了。一座金字塔这么大，你只切到了金字塔塔尖的这么一点，这是很难赚钱的。所以我们要赚大钱的话，要尽量往量大的市场来进行。各位企业的老板要时常思考你公司现在销售的商品是不是过于处在金字塔上部，假如是这样的话，你公司的业绩可能没有办法太好，你必须更换产品的种类。

第二是市场不够大。比如说你所居住的城市，人口只有80万人到100万人，而比尔·盖茨的软件是行销全世界几十亿人口，那你跟他比起来，即使智慧一样、能力一样，但他的市场大于你，你赚的钱还是比他少。

第三是产品的品质不良、价格不当。索尼公司的总裁说过，一个东西卖不掉通常有两个问题；第一是产品品质不好；第二是价格太高或者是太低。比如说你公司的产品品质不好，顾客买了之后经过大量宣传反而有负面的口碑，所以每一家公司都必须确保你公司的产品是同等级同价位当中最好的。产品价位太高顾客可能买不起，价位低一点，按道理讲销量应该更大，但事实上不一定如此。假如你今天得了心脏病，我推出一粒世界仙丹，专门治疗你的心脏。我对你说：要不要试试看，世界上最便宜的心脏病药？心脏对你很重要，所以全世界最便宜的心脏病药，你反而不敢买了，你担心无效或是仿冒品。

第四是推销技巧不良。我觉得一家公司最大的营运成本，不是说公司花了多少钱在硬件上，花了多少钱在软件上，或是花了多少钱做广告，而是没有被训练过的业务员。因为他们天天得罪顾客，天天损失营业额。每一家公司的老板必须把业务员训练得非常优秀，尤其是他必须派公司最出色的营销代表来做公司的业务训练。保罗·盖帝曾经说过，他宁愿找 100 个人来，每个人用 1% 的力量，也绝对不要自己一个人用 100% 的力量。一个顶尖的业务代表，他出去是一个人用了 100% 的力量，你不如派他来做训练，让 100 个人每个人用 1% 的力量，用正确的方法来销售产品，你公司的业绩才会提升。

第五是产品的销售渠道太少。比如有一个产品非常好，在哪里可以买？不知道；到底哪里有？等我找到再告诉你；这家公司有电话吗？公司电话不详；公司有 E-mail 吗？公司 E-mail 还没有登记。这个产品的销量能好吗？全世界再好的产品，它也不会自己长脚走出去，所以你的营销通路不够，顾客想买买不到，你公司的业绩会是有限的。

还有一点是因为公司的知名度或产品的知名度不够大。成龙最近拍了一部新电影有没有听说过呀？肯定没有，因为成龙最近并没有新电影发布会。假如成龙发布了新电影的话，我们一定是会知道的，他一定会做宣传。每一家企业都需要记住三个词：第一个叫作宣传，第二个叫作宣传，第三个还叫宣传！

问题：
1. 比尔·盖茨眼光好的三层含义是什么？
2. 比尔·盖茨总结的产品销量不大的原因是什么？
3. 在扩大销售渠道方面他的建议是什么？

二、列出你创业企业的产品运营渠道和你的渠道搭建策略。

模块 3.4　管理企业财务

活动地图

创业讲堂　　　　　　　　创业模拟实训室

创业工坊

活动路径

学习目标

1. 学习创业企业资金管理及财务数据分析。
2. 学会企业资金管理方法及财务数据分析。

任务描述

创老师在与创业团队接触的过程中发现大家对项目中的产品或服务非常重视,对财务这一部分却不太重视,不少团队的同学们说,我们不需要懂得财务,请一个专职的会计来就可以了,真是这样吗?创老师决定,这次就带着大家学习创业企业的财务管理,学会企业资金管理方法及财务数据分析。

任务实施

一、听创业故事

"抹茶咖啡"的财务危机

作为一个创业者,除了具备创业的能力和热情外,首先要做的其实是做好项目规划,并对财务预测及预算等进行可行性分析,一定要做到有计划性。

小蔡的"抹茶咖啡"在开业后经常遇到突然没钱开工资,没钱交房租,没钱付款提货等诸多的情况,小蔡不得不向亲朋好友求助,虽然这样也能帮他渡过难关,但财务问题也成了他头疼的一件大事。直到有一天,一位创业的学长顾凡来到咖啡屋,跟他谈起了创业方面财务管理的重要性,他才恍然大悟。

顾凡说:"创业公司财务管理很重要,通过财务管理你可以知道你究竟应怎么去掌控公司,保证现金流,避免风险,并知道该如何有计划性地运营自己的公司,如何进行奖金的分配等。"他看看小蔡又说道:"作为一个创业成功的企业领导者,即使你的公司有了一定的规模,即使你已经找到了上市公司来合作,不必要为财务危机而担忧和奔走,但这个时候其实是你更需要对财务知识有了解的时候,企业发展远远比企业生存更艰难,如果你没有基本的财务知识,就很难对财务人员进行管理,也很容易让公司陷入困境。"

学长的话让小蔡一下子明白了财务管理的重要性,他买来书,请来了财务会计认真学习,一年下来,他的资金压力越来越小,人的心情也变得轻松多了。

创业不但要具有雄心，同时还要有天时地利人和等条件，但是不是只有这些就足够了呢？很多创业者会发现在创业的过程中总会遇到各种各样的问题，其中资金的短缺是最大的障碍，而导致这种状况出现的最根本、最直接的因素就是因为创业者缺少必要的财务常识。

创业需要资金，它如同人们身上的血液，缺少了会生病，没有了会丢掉生命。

二、学创业之道

企业的创立建立需要资金的注入，企业运营的各个阶段也需要一直有资金的支持。作为创业者你要清楚你创业大约需要多少资金？必须知道企业将有哪些开支？有哪些资金来源，筹集资金的难易程度如何，必须了解何时借款，何时还贷，何时该考虑增加固定资产，何时有资金来源以清偿贷款，创业者只有管理好财务，才能安心进行经营活动。

三、边学边问

创业讲堂

创业资金从哪里来？

创业者可以通过以下渠道获得创业资金：

1. 个人自有资金

调查显示创业资金有近三分之一来自自己的积蓄。从萌生创业想法到最终付诸实践，期间过程中准备创业资金，会让创业者注意储蓄。

2. 向亲友借钱

向亲戚朋友借钱，应该是很多创业者采取的方法。它具有成功几率高、投资和利息条件更优惠、拿钱更快等优势。但它也是一把双刃剑，如果创业成功，那就是一种双赢。一旦失败，创业者可能会产生深深的负罪感。

3. 合伙经营

也有许多人选择合伙创业的方式来减轻资金压力。人多力量大，短时间内即可筹集到大笔的启动资金。但是，资金如何用好、管好以及收益的分配是后面需要解决的风险问题。

4. 向投资人要钱

从天使投资人那里获取资金，对于创业者是一大利好。但是在现实中，能够获得天使投资的创业企业数量少之又少。

5. 互联网金融

互联网金融凭借快捷、高效的优势，已经在解决企业融资问题上发挥着举足轻重的作用。创业者，在选择互联网金融这一渠道获取启动资金时，应选择有专业团队进行运营的平台，并根据项目具体情况确定合理的收益率区间进行借贷，以避免出现不必要的纠纷。

创同学：

还有哪些获得资金的渠道呢？

创老师：

除了以上的几种渠道，创业者还可以通过银行贷款、典当贷款、加入孵化计划、赢取创业基金等途径获取创业启动资金。另外，创业者通过参加各类投融资对接活动，同投资人就创业项目进行面对面的交流，可以大大提高获取资金的可能性。

创业讲堂

创业团队负责人应当读懂的第一张会计报表
——资产负债表

1. 读懂资产负债表中的资产部分

（1）流动资产

这部分可以知道公司现在现金、各种存款、短期投资、各种应收应付款项、存货等情况。流动资产比往年提高，说明公司的支付能力与变现能力增强。

（2）长期投资

这部分增加，表明公司的成长前景看好。

（3）固定资产

这部分是对实物形态资产进行的分析。折旧、损耗是否合理将直接影响到资产负债表、利润表和其他各种报表的准确性。少提折旧就会增加当期利润。而多提折旧则会减少当期利润。

（4）无形资产

无形资产主要是指商标权、著作权、土地使用权、非专利技术、商誉、专利权等。取得无形资产后，应登记入账并在规定期限内摊销完毕。

2. 读懂资产负债表中的负债部分

（1）流动负债

这部分是各项流动负债，实际发生额要避免遗漏，所有的负债均应在资产负债表中反映出来。

(2) 长期负债

包括长期借款、应付债券、长期应付款项等。由于长期负债的形态不同，因此应了解公司债权人的情况。

3. 股东权益分析

股东权益包括股本、资本公积、盈余公积和未分配利润4个方面。

分析股东权益，主要是了解股东权益中投入资本的不同形态及股权结构，了解股东权益中各要素的优先清偿顺序等。

创同学：

资产负债表的编制原理是什么？

创老师：

资产负债表依据"资产＝负债＋所有者权益"的平衡关系编制。看资产负债表时，要与利润表结合起来，主要涉及资本金利润和存货周转率，前者是反映盈利能力的指标，后者是反映营运能力的指标。

创业讲堂

创业团队负责人应当读懂的第二张会计报表

——利润表

读利润表从以下两方面入手：

1. 收入项目分析

收入项目包括公司通过销售产品、提供劳务取得的各项营业收入，也包括将资源提供给他人使用、获取租金与利息等营业外收入。收入的增加，则意味着公司资产的增加或负债的减少。

2. 费用项目分析

费用是收入的扣除，费用的确认、扣除正确与否直接关系到公司的盈利。看费用项目时，首先应注意费用包含的内容是否适当，即是否符合相关的会计准则。

其次，要对成本费用的结构与变动趋势进行分析，分析各项费用占营业收入百分比，分析费用结构是否合理，对不合理的费用要查明原因。同时对费用的各个项目进行分析，看看各个项目的增减变动趋势，由此判定公司的管理水平和财务状况，预测公司的发展前景。

创同学：

利润表的编制原理是什么？

创老师：

利润表依据"收入－费用＝利润"平衡关系来编制。它主要反映一定时期内公司的营业收入减去营业支出之后的净收益。通过利润表，我们一般可以对公司的经营业绩、管理的成功程度作出评估，从而评价投资者的投资价值和报酬。利润表包括两个方面：一是反映公司的收入及费用，说明公司在一定时期内的利润或亏损数额，据此分析公司的经济效益及盈利能力，评价公司的管理业绩；另一部分反映公司财务成果的来源，说明公司的各种利润来源在利润总额中占的比例，弄清来源之间的相互关系。

创同学：

利润表可以看出经营的哪些情况？

创老师：

通过利润表主要能看出公司的生产经营状况、利润实现和分配情况、应收账款和存货周转情况、各项财产物资变动情况、税金的缴纳情况以及预知下一会计期间对公司财务状况变动有重大影响的事项。

创业讲堂

创业团队负责人应当读懂的第三张会计报表
——现金流量表

读现金流量表要弄清楚以下三方面：

1. 现金净流量与短期偿债能力的变化

如果本期现金净流量增加，表明公司短期偿债能力增强，财务状况得到改善；反之，则表明公司财务状况比较困难。当然，并不是现金净流量越大越好，如果公司的现金净流量过大，表明公司未能有效利用这部分资金，其实是一种资源浪费。

2. 现金流入量的结构与公司的长期稳定

经营活动是公司的主营业务，这种活动提供的现金流量，可以不断用于投资，再生出新的现金来，来自主营业务的现金流量越多，表明公司发展的稳定性也就越强。公司的投资活动是为闲置资金寻找投资场所，筹资活动则是为经营活动筹集资金，这两种活动所发生的现金流量，都是辅助性的服务于主营业务的。这一部分的现金流量过大，表明公司财务缺乏稳定性。

3. 投资活动与筹资活动产生的现金流量与公司的未来发展

对内投资的现金流出量增加，意味着固定资产、无形资产等的增加，说明公司正在扩张，这样的公司成长性较好；如果对内投资的现金流入量大幅增加，意味着公司正常的经营活动没有能够充分吸纳现有的资金，资金的利用效率有待提高；对外投资的现金流入量大幅增加，意味着公司现有的资金不能满足经营需要，从外部引入了资金；如果对外投资的现金流出量大幅增加，说明公司正在通过非主营业务活动来获取利润。

创同学：

现金流量表主要是反映企业的什么情况？

创老师：

现金流量表是反映公司现金流入与流出信息的报表。这里的现金不仅指公司在财会部门保险柜里的现钞，还包括银行存款、短期证券投资、其他货币资金。现金流量表可以告诉我们公司经营活动、投资活动和筹资活动所产生的现金收支活动，以及现金流量净增加额，从而有助于我们分析公司的变现能力和支付能力，进而把握公司的生存能力、发展能力和适应市场变化的能力。

创业讲堂

创业者应掌握的经营财务数据

1．经营现金流

现金流代表公司主营业务产生的现金量——从本质上说是企业的核心。计算公式为：净盈余＋折旧与摊销（均为非现金费用）－资本支出（新设备等）－营运资本的变化。

投资者往往利用这一数据来判断公司的价值。

2．库存周转率

它是指某时间段的出库总金额（总数量）与该时间段库存平均金额（或数量）的比，是指在一定期间（一年或半年）库存周转的速度。存货留在公司货架上时间越长，这些资产的回报率就会越低，而这些存货的价格也更加容易下跌。这也就是为什么你的存货需要不断流动或"周转"的原因。库存周转率＝（该期间的出库总金额/该期间的平均库存金额）×100%。得出的比例（或周转率）越大，你的资金回报率就越高。

3．应收款增长与销售收入

应收账款是本单位销售产品没有回收的货币。销售收入是指本期已经出售的商品，它包括已经给钱的和没有给钱的总额。不要担心应收款的增加，只要应收款是随着销售额按照比例增长就没有问题。如果应收款超过营收，表示你没有收到货款，这就意味着在你最需要现金的时候，你手头可能会没有足够的资金。

4．及时交付

无法遵守交付日期，会失去客户的信任和尊重。你应该对推迟日期加以标注并就推迟原因开展调查。防止此类事件再次发生。

5. 未交付订单

你当前的销售额可能不错,但 90 天后又会出现什么样的状况呢?关注已承诺订单和预测销售额,提高落实这些交易的概率权重,确保你不会陷入困境。

6. 利息偿还

你是否能够一直获得足够的收益来偿还借款利息,这是作为创业者必须要知道的事项。银行非常注重这种衡量标准,所以你也应该对其加以重视。

创同学:

这些数据从哪些地方获得呢?

创老师:

每个行业(以及业内企业)都有自己的一套重要衡量标准。创业者应当掌握盈余、负债状况和现金流这三个方面的财务数据,这些财务数据都是通过三张财务报表资产负债表、利润表和现金流量表了解到的,创业者应读懂这三张财务报表,并持续不断地对其进行关注,心中有一本清清楚楚的账,才能管好企业,用好资金。

四、边学边做

为了让同学们能更好地做好自己项目的财务分析,创老师从学校会计专业调来了几位会计学得比较好的同学,协助同学们在学习了财务这部分的内容后,完成各自项目的财务分析,同学们非常认真地开始自己项目的财务分析,一周之后米印工坊的财务分析交上来了,其他组的同学围过来先睹为快。

米印工坊的财务分析

(一)财务假设

1. 基本假设

所得税:从 2008 年 1 月 1 日起开始实施的新企业所得税法规定税率为 25%。

固定资产:手工艺品制作设备按期末残值为 5%,分摊 10 年折完,每年折旧率为9.5%。

应收账款：预期收账期为半个月，即为该年收入的4.16%。

可分配利润：按该年可分配利润的30%算。

坏账率：初步预测并设定本行业的坏账率为2%。

银行贷款利率：年利率为8%。

小规模纳税人税率：3%。

一般纳税人税率：6%。

2．营业费用假设：包括设备维护费、交通运输费等杂项。第一年合计投入5万元，以后每年投入7万元。

3．管理费用假设：包括工资、工资税、福利费用、业务招待费、劳动保险费和房租设备费用等合计10万元/年，但视具体情况有增减变动。

（二）财务分析

米印目前每个月固定承接的订单基本为12个左右，每个视频在5分钟，设计费用在1 500元/笔，拍摄费用2 000元/笔，制作费用1 500元/笔，单笔订单平均价格5 000元。月度合同总额基本为5万元。扣除设备折旧费用、人力资源成本、管理费用等，净利润率为50%，月度净利润2.5万元左右。随着市场业务的拓展，业务量预计将以每个月10%的速度递增。在保证业务量的前提下，利润也将不断增加。

（三）融资计划

融资方式：团队成员出资或向第三方融资（银行贷款、创业资助、天使投资）。米印工坊目前已获得天使投资意向，正在考虑是否接受投资。融资预测表如下（单位：万元）。

项目	2016年	2017年	2018年
预计资产增加额	5	12	20
预计资产额	23	20	28
预计流动负债增加额	0	0	0
预计净利润	29	53	115
股利	不计	不计	不计
总融资额	30	42	55
增加的留存收益	29	53	115

看了米印工坊的财务分析之后,创老师感觉基本的内容已经包含,但是预测的财务数据部分还存在着不够准确的问题,要求同学们再进一步地讨论,争取拿出一份更加准确的财务分析。

 **练习与检测**

一、读下面的案例,然后回答后面的问题。

微软公司刚起步的时候,冲劲十足、精力充沛的盖茨和艾伦根本就不知道什么是疲倦和劳累,他们在一间灰尘弥漫的汽车旅馆中租用了一间办公室,开始了艰苦的创业过程。他们挤在那个杂乱无章、噪声纷扰的小空间中,没日没夜地编写程序,饿了就吃块比萨饼充饥,实在累得受不了了就出去看场电影或开车兜兜风解困。

正当他们不知疲倦朝着梦想的电脑王国挺进的时候,微软卷入了一场灾难性的官司之中。

当时软件盗版情况特别严重,大大损害了盖茨的利益,盖茨认为罗伯茨对市场上 BASIC 编译器的盗版应该负责,于是将它收回卖给了 Perterc 公司,但这之前他曾经和罗伯茨签署过该软件的协议,允许 MITS 在十年内使用和转让 BASIC 程序和源代码。

很快,MITS 就将微软送上了法庭的被告席,高昂的律师费令盖茨不知所措,与此同时,Perterc 也拒绝支付微软版权费,法院仲裁过程慢如蜗牛,收入的减少和庞大的开支把微软送到了濒临破产的境地,盖茨和保罗几乎都捱不过去了。盖茨对那段经历至今仍历历在目,"他们企图把我们饿死,我们甚至付不出律师费,所以当他们有意与我们和解时,我们几乎就范。事情到了那么糟糕的地步,仲裁者用了 9 个月才发布那该死的裁决。"

不过,他们终于熬过来了,微软赢了这场官司。

其实,盖茨当时完全可以向父母借钱,相信他的父母也会帮他渡过难关的,但他没有,盖茨坚持微软必须自力更生。盖茨就是这样自己白手起家、艰难地、一步一步地打下天下的。

1980 年是微软发展史上一个重要的转折点,当时无人不知、无人不晓的 IBM 国际商业机器公司占有大型电脑百分之八十的市场,也就是在这一年 IBM 决定开始制造个人电脑,并且找上微软公司,向他们购买作业系统的授权,于是个人电脑作业系统 PC-DOS 出现了,IBM 成了微软新软件的第一个授权使用者。随着 IBM 的个人电脑独霸市场,微软的软件也如雨后春笋般地不断冒出,从而稳住了

IBM 的江山，也奠定了微软在电脑软件市场上不容忽视的地位。

就这样，比尔·盖茨凭着独到的眼光，坚信个人电脑的触角将深入未来每一个家庭中，也相信结合微处理器与软件将大大改写过去以大型电脑为主的状态，更能在个人电脑革命的初期即掌握稍纵即逝的创业机会，其后又一直保持正确的发展方向，锲而不舍，加上过人的经营头脑，终于成为全球首富与 IT 业最具影响力的人士。

盖茨一直是一个以工作狂而著称的人物，即使到了 39 岁结婚的时候，他还经常加班工作到晚上 10 点以后，对于以前任何一个亿万富翁来说，这都是不可想象的事。尽管微软公司一向以员工惯性加班拼命工作而闻名，但那些工作得眼冒金星的员工还是心悦诚服地说，他们之中几乎没有谁能比盖茨更辛苦。

盖茨自己曾经不止一次地说过："微软是我永远的情人。"其实，在通往微软帝国辉煌的道路上，盖茨经历过无数次极端痛苦和无奈的选择，当求学、爱情、婚姻和事业发生矛盾或者冲突的时候，他都会毫不犹豫地放弃学位、心爱的女人，而选择微软和自己的事业。

1975 年 6 月，盖茨经过认真的考虑，说服了自己，决定放弃哈佛这所世界上最好大学的毕业证书，要求退学创业。接着，又说服了万分震惊的父母。这股毅然决然的勇气绝不是一般人所具有的。

在盖茨的心中，微软是高于一切的，为了微软，盖茨可以放弃一切。盖茨对个人计算机的远见和洞察力一直是微软公司和软件业界成功的关键。盖茨积极地参与微软公司的关键管理和战略性决策，并在新产品的技术开发中发挥着重要的作用。他的相当一部分时间用于会见客户和通过电子邮件与微软公司的全球雇员保持接触。

在盖茨的领导下，微软的使命是不断地提高和改进软件技术，并使人们更加轻松、更经济有效而且更有趣味地使用计算机。微软公司拥有长远的发展战略。

1995 年，盖茨撰写了《未来之路》一书。在书中，他认为信息技术将带动社会的进步。该书的作者还包括微软公司首席技术官 Nathan Myhrvold 以及 PeterRinearson，它在《纽约时报》的最畅销书排名中连续 7 周位列第一，并在榜上停留了 18 周之久。

问题：
1. 微软公司在发展初期是否遇到了财务危机？他们是怎样渡过的？
2. 举例说明财务管理对一家创业公司的重要性。
3. 说说比尔·盖茨有多么地热爱他的事业。

二、请为你的创业项目做一个财务分析报告。

项目四 创业支持

项目故事

经过两年的学习实践,上海市商贸旅游学校创业中心的创业孵化器已经蕴育了七个创业团队,参加创业学习的同学已经长大成人,成为即将走入社会的中职毕业生。两年来对创业项目的倾心投入,使大家都爱上了各自的项目,但这几个项目能不能走出校门迎接市场的真正考验呢?创业中心的创主任了解到上海对于学生创业有许多优惠政策,于是特地请来了创业指导专家,让他们给同学们讲如何利用这些政策做好自己的企业。

项目导图

模块 4.1　获得开业支持

活动地图

创业指导中心　　　　　　　　　创业工坊

创业咖啡馆

活动路径

本模块新增人物图谱

叶老师，黄浦区创业中心指导教师

学习目标

1. 了解上海市的创业扶持政策。
2. 会为自己的项目设计一个开业流程。

任务描述

米印工坊是一家马上就要完全走入市场的创业企业,为了了解开业的相关程序和政策,在创老师的带领下,米印工坊的全体同学们来到了黄浦区创业指导中心,了解学习如何开业。

任务过程

一、边学边问

在黄浦区创业指导中心,创老师找来了中心的创业指导教师叶老师,请她给同学们介绍开业的相关政策和流程。

> 叶晓霞,黄浦区就业促进中心首席创业咨询师,从事10年小微企业开办指导工作。熟悉政府各部门扶持创业政策、资源及园区情况,善于运用新媒体凝聚青年大学生创业群体,为其提供创业互通平台。

叶老师是一位年轻女教师,非常亲切,她用甜美的声音给同学们上了一堂创业开业的微课。

如果同学们打算创业开公司了,首先应该怎么办呢?

答案是先确定以怎样的形式创业。

这些形式包括有限责任公司、个人独资企业、合伙企业、个体工商户、民办非企业等。

确定创业形式之后,再给公司取名字,取名字时需要去工商部门查名,这个名字不可以跟别家企业的名字重复。一千个王小明可以有,王小明公司只能有一家。

请大家看下面这张流程图:

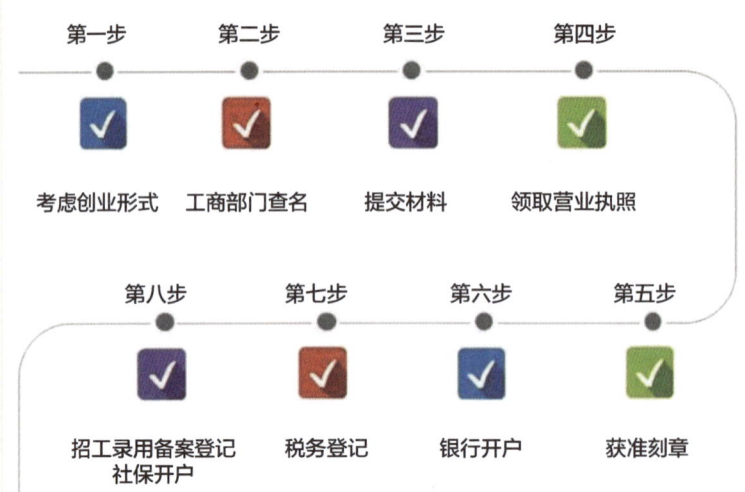

完成了第八步，就完成了一个开业的流程。

二、学创业之道

为了详细了解开业流程，创老师把叶老师请到创业讲堂，请她给同学们具体讲讲开业的知识。讲堂上，叶老师打开了一个关于开业方面的PPT。

创业讲堂

创业企业的形式

（一）开办有限责任公司

有限责任公司是以股东认缴的出资额为限对公司承担有限责任的组织形式。办理有限责任公司登记应具备下列条件：

1. 股东符合法定人数，即由50名以下股东共同出资设立。

2. 股东出资达到法定资本最低限额。有限责任公司注册资本的最低限额为人民币三万元，其中一人有限责任公司注册资本的最低限额为人民币十万元。

3. 股东共同制定公司章程。有公司名称，建立有符合有限责任公司要求的组织机构。

4. 有公司住所。

适用对象：法律法规未禁止经商办企业的自然人、法人和其他组织。

上海市受理机构：上海市工商行政管理局企业注册处及各分局企业注册科（处）

政策依据：《中华人民共和国公司法》《中华人民共和国公司登记管理条例》

咨询渠道：登录上海市工商行政管理局门户网站（http://www.sgs.gov.cn）或拨打64220000-5446咨询电话。

(二) 开办个人独资企业

个人独资企业是指依法在中国境内设立,由一个自然人投资,财产为投资人个人所有,投资人以其个人财产对企业债务承担无限责任的经营实体。办理个人独资企业登记应符合下列条件:

1. 投资人为一个自然人。
2. 有合法的企业名称。
3. 有投资人申报的出资。
4. 有固定的生产经营场所和必要的生产经营条件。
5. 有必要的从业人员。

适用对象:法律法规未禁止经商办企业的中国公民。

上海市受理机构:上海市工商行政管理局各分局企业注册科(处)。

政策依据:《中华人民共和国个人独资企业法》《个人独资企业登记管理办法》

咨询渠道:登录上海市工商行政管理局门户网站(http://www.sgs.gov.cn)或拨打64220000-5446咨询电话。

(三) 开办合伙企业

合伙企业是指自然人、法人和其他组织依法在中国境内设立的普通合伙企业和有限合伙企业。普通合伙企业由普通合伙人组成,合伙人对合伙企业债务承担无限连带责任;有限合伙企业由普通合伙人和有限合伙人组成,普通合伙人对合伙企业债务承担无限连带责任,有限合伙人以其认缴的出资额为限对合伙企业债务承担责任。办理合伙企业登记应具备下列条件:

1. 有两个以上合伙人。合伙人为自然人的,应当具有完全民事行为能力。
2. 有书面合伙协议。
3. 有合伙人认缴或者实际缴付的出资。
4. 有合伙企业的名称和生产经营场所。
5. 法律、行政法规规定的其他条件。

适用对象:法律法规未禁止经商办企业的自然人、法人和其他组织,其中国有独资公司、国有企业、上市公司以及公益性的事业单位、社会团体不得成为普通合伙人。

上海市受理机构:上海市工商行政管理局各分局企业注册科(处)

政策依据:《中华人民共和国合伙企业法》《中华人民共和国合伙企业登记管理办法》。

咨询渠道:登录上海市工商行政管理局门户网站(http://www.sgs.gov.cn)或

拨打64220000-5446咨询电话。

（四）成为个体工商户

个体工商户是指生产资料为个人或者家庭所有、以个人或者家庭劳动为主要形式、经营所得由个人或者家庭支配的经营者。有经营能力的公民，依照规定经工商行政管理部门登记，从事工商业经营的，为个体工商户。

适用对象：有经营能力的公民。

受理机构：经营所在地的工商行政管理所。

政策依据：《个体工商户条例》《个体工商户登记管理办法》。

咨询渠道：登录上海市工商行政管理局门户网站（http://www.sgs.gov.cn）或拨打64220000-5446咨询电话。

（五）开办民办非企业单位

民办非企业单位是指企业事业单位、社会团体和其他社会力量以及公民个人利用非国有资产举办的，从事非营利性社会服务活动的社会组织。

适用对象：法律法规未禁止经商办企业的自然人、法人和其他组织。

受理机构：各区县社会团体管理局。

政策依据：《民办非企业单位登记管理暂行条例》。

咨询渠道：登录上海市民政局门户网站（http://www.shmzj.gov.cn）。

（六）开办农民专业合作社

农民专业合作社是在农村家庭承包经营基础上，同类农产品的生产经营者或者同类农业生产经营服务的提供者、利用者，自愿联合、民主管理的互助性经济组织。为支持农民专业合作社的发展，工商部门对农民专业合作社登记免收登记费。

适用对象：具有民事行为能力的公民，以及从事与农民专业合作社业务直接有关的生产经营活动的企业、事业单位或者社会团体，能够利用农民专业合作社提供的服务，承认并遵守农民专业合作社章程，履行章程规定的入社手续的，可以成为农民专业合作社的成员。但是，具有管理公共事务职能的单位不得加入农民专业合作社。

上海市受理机构：上海市工商行政管理局各分局企业注册科（处）

政策依据：《中华人民共和国农民专业合作社法》《中华人民共和国农民专业合作社登记管理条例》《上海市工商行政管理局关于支持农村经济发展、推进社会主义新农村建设的若干意见》。

咨询渠道：登录上海市工商行政管理局门户网站（http://www.sgs.gov.cn）或拨打64220000-5446咨询电话。

（七）从事"非正规就业"

1996年，上海市从国际劳工组织引入"非正规就业"的概念，并进行了本土化改造，主要通过鼓励失业人员、协保人员、农村富余劳动力自发组织起来，在社区服务领域以合伙劳动的方式从事小规模经营，经营服务范围主要涉及修理修配、缝补洗理等社区服务行业。非正规就业劳动组织无须进行工商登记，在认定许可的经营服务范围内可从事社区服务经营活动，具有小规模运作、劳动密集型、依赖本地资源等特征。经认定的非正规就业劳动组织在三年内可以享受地方税费减免，并按规定享受社会保险缴费优惠、创业培训和技能培训补贴、社会保险费补贴、小额贷款担保和贴息等政策的扶持。

适用对象：本市劳动者可以申办非正规就业劳动组织。劳动组织从业人员中本市失业人员、协保人员和农村富余劳动力不得低于70%。

受理机构：各街道、乡镇劳动保障事务所。

政策依据：《上海市劳动和社会保障局关于印发〈关于规范非正规就业劳动组织管理的若干意见〉的通知》。

咨询渠道：登录上海市人力资源和社会保障网（http://www.12333sh.gov.cn）或拨打12333电话咨询。

创同学：

这七类创业的形式我们如何选择呢？

叶老师：

依据你从事的项目和具体情况，寻找最合适的企业形式，一般来讲选择最多的是个体工商户和有限责任公司。

创业讲堂

开业工商注册流程

（一）核名：企业名称查询。申办人提供法人和股东的身份证复印件（或身份证上姓名即可）。

（二）提供证件：新注册公司申办人提供法人和全体股东的身份证。

（三）审批：经营范围中有需特种许可经营项目的，需报送审批。

（四）验资：按照《公司法》规定，企业投资者需按照各自的出资比例，提供相关注册资金的证明，通过审计部门进行审计并出具"验资报告"。

（五）申领营业执照：工商局经过企业提交材料进行审查，确定符合企业登记申请，经工商行政管理局核定，即发放工商企业营业执照，并公告企业成立。

（六）刻章：企业办理工商注册登记过程中，需要使用图章。由公安部门刻出公章、财务章、法人章、全体股东章、公司名称章等。

（七）税务登记证：办理税务登记。

创同学：

工商注册流程很重要吗？

叶老师：

非常重要，完成这个流程才能合法开业。

讲座后，同学们在创老师的指导下行动起来。

三、边学边做

米印工坊创业团队的同学经过讨论之后，决定要成立有限责任公司，团队负责人张京同学把这个消息告诉了创老师，创老师听完微笑着说，你们正式开业前还要过一关。创老师召集米印工坊创业团队全体成员到创业评价中心，打开了上海市创业公共服务信息网，进入到《开业能力测试》和《创业潜力测试》(http://www.12333sh.gov.cn/cyfw/cyfw/index.shtml)。要求大家完成上面的测试，告诉大家，这次考试及格才能进入开业流程。

同学们做下来的结果还不错，都超过了合格的标准，在创老师的指导下，同学们进入到开业的工商注册流程。

第一步，核名。

即企业名称查询。创业团队提供法人和股东的身份证复印件。提供公司名称 2～10 个，写明经营范围是影视拍摄及后期制作，出资比例（注册资本 60 万元，其中张京 20 万元，其他四人各 10 万元）。企业的名称定为"上海米印广告有限公司"。经过工商局查名，名称可以使用，通过市工商行政管理局进行公司名称注册申请，给予注册核准，并发放盖有市工商行政管理局名称登记专用章的"企业名称预先核准通知书"。

第二步，提供证件。

"上海米印广告有限公司"的成员们向工商局提供了法人和全体股东的身份证。

第三步，审批。

"上海米印广告有限公司"不属于特种项目，可以采取后置审批的方法办理经营许可证。

第四步，验资。

按照《公司法》规定，米印投资者需按照各自的出资比例，提供相关注册资金的证明，经过审计部门审计后获取他们出具的"验资报告"。

第五步，申领营业执照。

工商局经过对米印公司的提交材料进行审查，确定公司符合企业登记申请，经工商行政管理局核定，发放工商企业营业执照，并公告企业成立。

第六步，刻章。

持营业执照等所需材料到综合行政服务中心的公安局窗口申请刻章证明，再持证明到公安局指定的刻章店/厂进行刻章。

第七步，办理税务登记证。

接下来是办理税务登记，应提供的材料：经营场所租房协议复印件、所租房屋的房产证复印件、固定电话、通信地址。

经过这七个步骤，"上海米印广告有限公司"宣告正式开业。

 练习与检测

一、请判断下面创业企业的性质。

上海纪念日创意有限责任公司
邓氏餐饮独资公司
蜜站面包房（三名中职毕业生开办）
微微服饰网店
视力障碍者互助站
上海郊区有机蔬菜物流合作社

老李高级钟表维修铺

小华平面设计室

张新高级服装私人定制

董老师青少年心理辅导工作室

二、给你创业企业的性质定位,并写出它的注册流程。

项目四　创业支持

模块 4.2　获得资金支持

活动地图

创业指导中心　　　　　创业工坊

　　　创业咖啡馆　　　　创业模拟实训室

活动路径

本模块新增人物图谱

宗老师——上海市创业就业指导中心指导教师

项目四　创业支持

 学习目标

1. 了解上海市创业资金政策。
2. 会运用上海创业资金政策帮助创业。

 任务描述

注册后的上海米印广告有限公司已经正式开业啦！经过一年的运营，它们的业务越来越多，财务负责人找到了经理张京，告诉她业务的发展太快企业的资金不足。创老师刚好在张京的办公室回访，听了财务负责人的汇报后，对张京说："政府有许多的创业资金扶持政策，你们不妨利用。"创老师决定让创业团队的同学创业之初就了解这些政策，学会运用上海创业资金政策帮助创业。

 任务实施

一、边学边问

创老师在这次的创业讲堂中请来了上海市创业就业指导专家宗老师，请他为同学们讲讲关于上海在创业资金方面的支持政策，宗老师打开他的PPT。

招聘！就是这些人了！

1. 实施初创期创业社会保险费补贴政策。上海户籍学生在**沪创办3年以内**的本市小微企业、个体工商户、农民合作社、民办非企业单位等创业组织，新招用本市劳动者并按规定缴纳社会保险费的，可按新招人数，申请社会保险费补贴。补贴标准为**本市上年职工月平均工资60%**作为缴费基数计算的单位缴纳社会保险费的**50%，补贴期限最长3年**，每个创业组织每年最多补贴**2万元**。所需资金从失业保险基金中列支。

贷款！担保！贴息！全搞定！

2. 加大创业贷款担保和贴息政策支持力度。将小额担保贷款调整为创业担保贷款，其对象范围扩大到本市高校在校或毕业且在沪实现创业的青年学生。符合条件的对象，按规定可以 申请个人最高 50 万元、法人最高 200 万元的创业贷款担保，其中 20 万元以下的创业贷款免于个人担保。贷款期间稳定就业岗位的，还可根据吸纳本市就业情况，给予一定额度的利息补贴。本市小微企业、个体工商户、农民合作社、民办非企业单位等创业组织获得商业银行小额贷款公司 200 万元及以下小额贷款 的，可根据吸纳就业情况，申请一定额度的小额贷款利息补贴。按国家有关规定，从失业保险基金中安排一定规模的专项资金用于创业贷款担保，并探索发挥市级创业孵化示范基地在担保贷款审核中的积极作用。

认定！创业孵化基地开始评级了！

3. 定期组织开展市级创业孵化示范基地的认定和评估工作。委托第三方社会中介机构对创业孵化成效进行分级评估。根据评估结果，对达到 A 级、B 级、C 级的创业孵化示范基地，分别给予 50 万元、30 万元、10 万元的运作经费补贴，用于补贴房租、管理费等经费支出。所需资金从市就业专项资金中列支。

参赛！也可以拿补贴！

4. 定期组织开展上海创业计划大赛、创业新秀评选等活动，积极推荐本市创业者参加国家各类创业竞赛活动。对获得市级优胜的创业团队给予 5 万元的创业启动金，对获得国家级优胜的创业团队给予 10 万元的创业启动金。对获得市级优胜的创业组织给予 10 万元的助力发展金，对获得国家级优胜的创业组织给予 20 万元的助力发展金。所需资金从市就业专项资金中列支。

看错？在校学生也可以参加就业培训？

5. 本市就读的在校学生参加创业培训并考核鉴定合格的，可以按规定享受培训补贴。

本市高校就读的毕业学年的学生参加青年创业见习的，可按规定给予学员生活费、购买带教费、见习学员综合保险费补贴。

怎么！还能给房租补贴？

6. 创业场地房租补贴。对象为在本市注册登记36个月以内的小微企业（不包括劳务派遣公司）、个体工商户、农民合作社、民办非企业单位等创业组织。

创业场地房租补贴标准根据创业组织吸纳本市失业人员、协保人员和农村富余劳动力并稳定就业的情况来确定，每吸纳一人每年最高补贴金额不超过3 000元。补贴总额以创业组织在同一区县内注册地或经营地的实际发生租金为限。

那么，上海在创业方面还有一些什么金融支持政策呢？

二、学创业之道

为了详细了解创业方面的金融支持政策，创老师把上海市创业就业指导中心的宗老师请到创业咖啡馆，跟同学们座谈。

宗老师打开了一个关于资金支持方面的PPT。

小额贷款担保和贴息

2013年，小额贷款担保政策的扶持范围扩大到本市各类小微创业组织，最高担保金额提高到200万元，贷款利率按央行规定的基准利率执行。同时，根据创业组织在贷款期间吸纳本市失业、协保人员和农村富余劳动力的情况，给予一定的贷款利息的补贴。对35岁及以下青年的创业项目，经论证也可给予创业前的小额贷款担保支持，最高额度为15万元。

适用对象：

1. 在本市注册创办个体工商户、小微企业、民办非企业、农民专业合作社、非正规就业劳动组织的法定代表人（负责人）可申请小额贷款担保。

2. 35周岁及以下具有创业意向和项目的本市青年可申请创业前小额贷款担保。

受理机构：创业组织注册地或创业前意向创业所在地的区县开业指导服务部门。

政策依据：《上海市人力资源和社会保障局、上海市财政局关于进一步完善本市创业扶持政策的若干意见》（沪人社就发〔2013〕38号）、《上海市财政局、上海市人力资源和社会保障局关于印发〈上海市小额担保贷款实施办法〉的通知》（沪财社〔2012〕68号）、《上海市人力资源和社会保障局关于完善小额贷款担保工作的实施意见（试行）的通知》（沪人社就发〔2009〕14号）。

咨询渠道：上海创业公共服务信息网（http://www.12333sh.gov.cn/cyfw/index.shtml.）或拨打12333咨询电话。

另外，小额贷款利息补贴可查询《上海市就业促进中心关于进一步完善本市创业扶持政策的操作意见》。

创同学：

这些政策创业企业都可以享受吗？

宗老师：

本市各类小微创业企业都可以享受。

中国青年创业国际计划

中国青年创业国际计划（Youth Business China，简称YBC）是由共青团中央、全国青联、全国工商联等共同倡导发起的青年创业教育和援助项目。通过动员社会各界特别是工商界的资源，为创业青年提供导师辅导以及资金、技术、网络支持，帮助中国青年走上创业成功之路。YBC为创业青年提供3万～5万元免息免担保的创业启动资金，同时为创业者提供免费、系统的创业培训，为创业者配备一对一的创业导师，免费为创业者提供为期三年的咨询和指导。

适用对象：18~35周岁有志创业、有较好的创业计划并经专家认证，但资源有限、筹措不到创业启动资金的群体。

受理机构：中国青年创业国际计划（YBC）上海办公室（汉中路188号一楼）

创同学：

我们达到18岁的年龄也能享受吗？

宗老师：

是的，但需要有经过专家认证的创业计划。

政策性中小企业贷款信用担保政策

为指导和推动中小企业服务体系建设，切实解决中小企业融资难特别是贷款难问题，由市财政局与区县财政部门联手，与上海银行、民生银行、建设银行等10家商业银行建立贷款担保协作网络，并在全市设立了250多个担保贷款受理点；由市、区县两级财政建立担保资金网络；由专业担保机构会同有关部门、社会团体和中介机构等，建立贷款担保需求信息网络。

适用对象：符合国家产业政策，有产品、有市场、有发展前景，有利于技术进步与创新的技术密集型和扩大城乡就业的劳动密集型的各类中小企业。

受理机构：区县财政部门。

咨询渠道：区县财政部门网站。

创同学：

这种贷款是属于商业贷款吧？

宗老师：

是的，但它属于政府信用担保贷款。

小企业创业基地建设项目资助

为了支持小企业的创业发展，市经信委、市财政局在上海市中小企业发展专项资金中，对本市小企业创业基地建设项目进行了专项扶持，重点支持小企业创业基地开展的为满足小企业创业发展所需的公用配套设施建设。小企业创业基地建设项目，资金支持方式为无偿资助，资助额度一般不超过项目总投资的三分之一。

适用对象：本市注册的中小企业或服务机构。

受理机构：上海市促进中小企业发展协调办公室。

政策依据：《上海市中小企业发展专项资金管理暂行办法》。

咨询渠道：上海市中小企业服务互动平台（http://www.ssme.gov.cn）。

创同学：

这个政策我们如何使用？

宗老师：

同学们以后创业的企业可以申请入驻小企业创业基地。

青年创业小额贷款

为促进青年创业，向上海广大青年创业者提供资金支持，2006年10月，共青团上海市委员会与国家开发银行上海市分行合作共同推出上海市青年创业小额贷款项目，其单笔贷款金额原则上为100万～500万元，贷款期限一般不超过2年，贷款利率执行人民银行公布的当期贷款基准利率，如贷款项目符合科技部创新基金申报要求，可以由贷款管理和融资平台帮助向科技部申请相关贷款贴息。凡科技部认定的项目，科技部可向贷款企业给予贷款期内全额或部分贴息。

适用对象：在本市注册开业的40岁以下群体，贷款项目符合国家和本市的产业政策导向，申请贷款的中小企业经营状况和信用状况良好，有独立的还款能力，并且能提供相应的贷款担保。

受理机构：上海市科技创业中心和上海浦东生产力促进中心

政策依据：《关于实施"上海市青年创业小额贷款项目"的通知》

创同学：

这样的小额贷款对企业的性质有要求吗？

宗老师：

贷款项目符合科技部创新基金申报要求，凡科技部认定的项目，科技部可向贷款企业给予贷款期内全额或部分贴息。

三、边学边做

学习了创业的资金支持，张京决定申请小额贷款，她来到了上海市创业就业促进中心，找到宗老师，想咨询一下自己具体可以采用哪种小额贷款。

宗老师告诉她，资金的支持有开业前和开业后的，如果是开业前适用创业前小额担保贷款，具体如下。

受理对象：具有本市户籍，35周岁（含）以下，拟在本市创办小企业、民办非企业单位、农民专业合作社、个体工商户，且有创业项目的，可以申请创业前小额贷款担保。

贷款金额：担保贷款金额最高为10万元。

贷款期限：担保贷款期限最长为一年。

担保额度：申请人可免于个人担保。

担保方式：创业前小额贷款，由市促进就业专项资金提供担保。

申请条件：

1. 申请人无违法犯罪行为和不良信用记录；
2. 申请人已有较为完善的创业项目计划。

具体流程：

1. 申请受理

（1）申请人应携带本人身份证、户口簿、就业失业登记证（劳动手册）等相关证明材料，向意向创业所在地的区县就业促进中心提出申请。

（2）申请人应按要求提交创业项目计划书，如实填写《创业前小额担保贷款申请书》和《还款计划书》，并签收《小额担保贷款担保申请告知书》。

（3）上海市高校非上海生源毕业生申请个人小额担保贷款担保的，还应当提供本人毕业证书、第三方身份证、第三方单位职工证明和由第三方签字的《开业贷款反担保协议书》（第三方须承诺以个人和家庭财产对政策性担保机构提供的担保承担无限偿还责任）。

2. 身份确认

（1）区县就业促进中心应在受理申请之日起的7个工作日内，完成对申请人担保政策辅导、身份资格确认、个人诚信记录调查、推荐等初审工作。

（2）经办银行根据申请人相关信息，登录银行个人信用信息基础数据库系统，对申请人进行征信查询。

3. 可行性分析

（1）受托的社会财务咨询机构应在收到区县就业促进中心提供的贷款申请文件之日起的7个工作日内，组织开业专家等相关人员，对申请人就创业项目和贷款申请开展论证答辩，并根据论证答辩情况出具贷款评估报告。

（2）经办银行根据贷前调查的实际情况，在5个工作日内对贷款金额和期限提出贷款意见。

4. 担保审批

（1）上海市就业促进中心在3个工作日内对银行的贷款意见进行初审。

（2）政策性担保机构应在收到相关贷款材料之日起的5个工作日内，对贷款担保申请材料的完整性、程序合法性以及市就业促进中心的初审意见进行核准，并履行担保手续。

5. 银行放贷

银行应在收到政策性担保机构担保意见之日起的5个工作日内，按有关信贷规定办理签约、放贷手续。申请人与银行签订《借款合同》的同时，应当签署《小额担保贷款还款承诺书》，承诺以个人和家庭财产对小额担保贷款承担无限偿还责任。

介绍了开业前的小额担保贷款情况之后，宗老师说：开业贷款担保政策、自主创业微量开业贷款担保政策和创业前小额贷款担保政策不得同时享受。上海米印广告有限公司已经开业两年，就不适用开业前的小额担保贷款，可申请小额贷款利息补贴。由于上海米印广告有限公司的副经理李佳是刚从上海大学毕业的大学生，因此公司可以享受到上海对于学生创业的融资支持政策。

 **练习与检测**

为你的创业公司列出一份可以利用的政府创业融资政策。

模块 4.3　获得场地税收支持

活动地图

开业指导中心　　　　　　　　创业工坊

创业咖啡馆

活动路径

创业成就梦想

 学习目标

1. 了解上海市的创业场地税收方面的优惠政策。
2. 创业时会运用创业场地税收方面的优惠政策。

 任务描述

上海市商贸旅游学校的"纪念日创业团队"的同学完成孵化，准备开业了，现在面临的第一个问题需要有自己的工作场地，团队的同学在创老师的带领下来到上海市就业促进中心了解有关创业办公场地以及开业后的税收优惠政策。

 任务过程

一、边学边问

纪念日创业团队来到上海市创业指导中心，中心的宗老师拿给了每人一本小册子，并打开了自己手上的小册子开始给同学们介绍起来。

上海市帮助创业者创业的方式有很多，就场地来说有好几种：创业园区、创业孵化器、各种创业园区。上海市政府对于入驻这些地方的创业有相关的场地租金、税收减免、社会保险以及贷款方面的支持政策，同学们在毕业后创办企业时，可以根据自己的情况选择合适的场地入驻。

接着，他引导同学们打开小册子，给同学们讲解上海市级的创业园区的情况。

创业园区

为帮助创业者解决经营场地难找的瓶颈问题，从2004年起，本市各级劳动保障部门挖掘部分闲置房产，开发建设适合非正规就业劳动组织和小企业的开业园区，目前，全市已建成创业园区66个。

适用对象：申请开办或处于组织存续有效期内的非正规就业劳动组织、小企业和个体工商户等。

受理机构：经营注册所在地的区县开业指导服务部门。

政策依据：《关于扶持建立非正规就业劳动组织创业园区若干意见的通知》（沪劳保就发〔2005〕6号）。

咨询渠道：上海创业公共服务信息网（http://www.12333sh.gov.cn/cyfw/）或拨打12333咨询电话。

创同学：

进入创业园区可以享受哪些优惠呢？

宗老师：

创业者不仅可以较低租金进驻创业园区，还可根据所吸纳本市失业、协保、农村富余劳动力的情况享受年度人均房租最高不超过2 000元，补贴期限最长不超过3年的创业园区房租补贴。在小册子上有详细的创业园区的地址。

上海创意产业园区

上海创意产业是在国际创意产业蓬勃发展的大背景下，随着中心城区产业机构和布局调整，逐步发展起来的。目前，上海已经授牌的创意产业园区达到75个。上海创意产业的重点包括与产业研发相关的创意设计、与建筑相关的创意设计、与文化相关的创意设计、与消费相关的创意设计、与咨询策划相关的创意设计等。

适用对象：创意产业类企业。

受理机构：上海创意产业中心。

咨询渠道：上海创意产业中心网站（http://www.scic.sh.cn）。

上海青年科技园区

共青团上海市委于2005年在上海市青少年活动中心创建了上海青年科技园区是一个青年创业政策、信息、融资、项目、场地等综合性的创业服务平台。上海青年科技创业园建筑面积3 600余平方米，拥有系统的、务实的创业教育服务功能，多形式、多渠道的资金融通服务功能，多领域高质量的中介服务功能，多方位、易获取的信息交流服务功能和综合政府政策扶持服务功能。同时还提供工商、税务、信贷、项目评估审批等一站式服务，提供企业咨询、资产评估、财务顾问等各类中介服务，帮助入驻企业申请房租补贴等服务。

适用对象：具有本市户籍，意向开办非正规就业劳动组织和小企业、个体工商户等劳动经济组织的创业者。

受理机构：上海市青年发展服务中心（汉中路188号一楼）

政策依据：《关于开业享受房租补贴的操作意见》的通知（沪就失[2005]109号）

咨询渠道：上海市青少年活动中心（http://www.shqzx.com）。

创同学：

其他的创业园可以享受到政策支持吗？

宗老师：

可以的，上海市还有"自主创业经营场地补贴""初创期创业组织创业场地房租补贴"。

自主创业经营场地补贴：为了进一步降低创业门槛，积极拓宽就业渠道，2007年3月，市人力资源和社会保障局出台了鼓励扶持自主创业政策。自主创业者租赁符合条件的固定经营场所开展创业活动，可享受每年最高不超过2 000元，补贴期限最长不超过3年的自主创业房租补贴。适用对象：具有本市户籍，处于劳动年龄段的失业人员、协保人员、农村富余劳动力（含征地劳动力）和大中专院校毕业生，以个人或家庭成员共同劳动方式，通过从事微型的非企业商事行为，为社区居民及家庭提供直接服务的创业者。

受理机构：自主经营所在地的区县就业促进中心。

政策依据：《关于进一步鼓励扶持自谋职业和自主创业的若干意见》（沪劳保就发[2007]11号）。

咨询渠道：各区县开业指导中心或拨打12333咨询电话。

项目四 创业支持

初创期创业组织创业场地房租补贴：为了进一步降低初创期的创业成本，加大创业场地房租补贴支持力度，2009年，市人力资源和社会保障局出台了初创期创业组织创业场地房租补贴政策，对本市劳动者创办的初创期创业组织，在创业园区以外租赁符合条件的创业场地开展创业活动，并吸纳本市失业人员、协保人员和农村富余劳动力就业的，可给予一定额度的创业场地房租补贴。

适用对象：具有本市户籍的劳动者在本市注册登记18个月以内的小企业、个体工商户、农民专业合作社、民办非企业单位等创业组织（不包括劳务派遣公司以及非正规就业劳动组织），可申请享受创业场地房租补贴。

受理机构：创业组织注册经营所在地的区县开业指导服务部门。

政策依据：《上海市人民政府关于进一步做好本市促进创业带动就业工作的若干意见》（沪府发［2009］1号）。

咨询渠道：上海人力资源和社会保障网（http://www.12333sh.gov.cn）或拨打12333咨询电话。

二、边学边做

了解到政府对创业有这么多的支持，纪念日创业团队的同学准备毕业后进驻创业园区，创老师告诉同学们，再去认真查一下各区的创业园区的优惠政策，各区在上海市优惠政策的基础上，还出台了不少自己区的优惠政策，例如，黄浦区对创意创业园区，除享受上海市的优惠政策外，入驻的创业企业免半年工位费。

 练习与检测

一、说说下面的案例，可以用到哪些创业优惠政策？

用足政策，从洗车工变为老板

5年前，小陆只是一家汽车清洁服务社的洗车工。5年后的今天，他摇身一变，成了一家保洁服务有限公司的老板，为遍布上海市多个汽车4S店提供保洁、

保安服务。这个巨大的转变，是小陆付出的艰辛和汗水换来的，他的收获也是不能用金钱来衡量的。

5年前的他，每天重复着洗车的动作，但不服输的他却在暗中学习企业管理。2年后，他自己的保洁服务社成立了。成立之初，他的服务社只有4个人，与他签订承包合同的也只有1家4S店，生意十分惨淡。这段时间，他不得不又当老板又当员工，洗车、保安和管理一起抓，但是随着时间推移，大家的洗车技术越来越娴熟、服务越来越到位，口口相传后，与他签订承包合同的单位也多了起来。借此机会，小陆摆脱了非正规就业劳动组织的"褴褛"，成立了自己的公司。在谈到成功的经验时，小陆笑笑说，当老板的一定要学会用足政府的政策。他举例说，从非正规就业劳动组织转制为企业后，成本一下翻了一倍多，当时他心急如焚，一次次地跑经济园区、税务、劳动等部门，多方面打听优惠政策。仅劳动保障这块，小陆就享受到了社会保险缴费补贴、房租补贴、转制奖励等政策，加上经济园区给予的房租减免、税费减免，大大降低了他的经营成本。他还提醒各位小老板，在招用员工的时候，可以优先考虑上海本地的就业困难人员，这将大大降低你的用工成本。

现在，小陆的公司已有近30位员工，各项业务有条不紊地开展，这归功于他自己的勤奋、努力，加之用好用足了各项政府扶持政策，才使他在竞争激烈的社会中能占有一席之地。

二、请你说说上海中职毕业生创业可以享受到哪些场地和税收优惠？

三、为你的创业公司列出一份可以利用的政府创业场地和税收优惠政策。

模块 4.4 获得培训活动支持

活动地图

开业指导中心　　　　创业咖啡馆　　　　创业工坊

活动路径

学习目标

1. 通过学习了解上海市的创业培训支持。
2. 积极参加上海创业培训、参与创业大赛。

 任务描述

上海市政府对中职学校的创业教育非常重视，上海市教委学生事务中心设置了专业的机构促进和管理中职学校的创业教育。今年，眼看着来学校创业中心学习的学生越来越多了，创老师的工作变得非常忙，完全不能满足同学们的辅导需求了，学校决定派遣相关的教师参加上海创业指导教师的学习，争取能够有更多的教师参与到创业指导方面来，同时也鼓励同学利用上海市创业培训资源，来提升自己的创业能力，为此，创老师和同学们一起到上海就业促进中心了解创业培训及创业比赛等方面的情况。

 任务实施

一、边学边问

来到上海市黄浦区创业指导中心，已经是中心主任的叶老师安排大家在会议室就座，并打开一张 PPT 给同学们开始介绍上海的创业辅助资源。

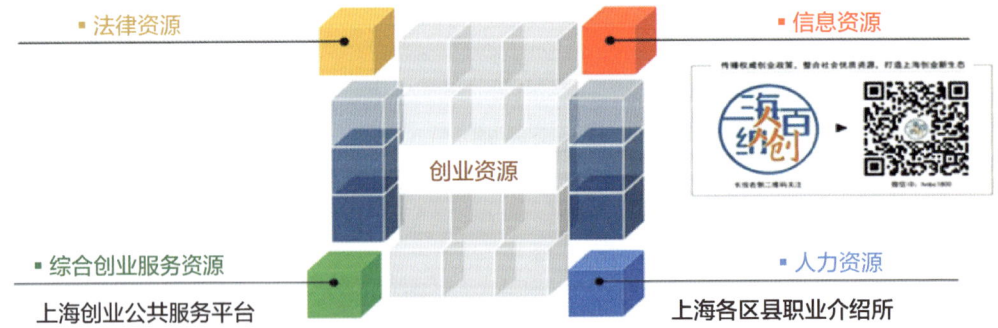

查询创业辅助资源

二、了解创业培训政策支持

为了详细了解创业方面的相关培训支持政策,创老师把叶老师请到创业咖啡馆,跟同学们座谈。

政府补贴创业培训

为进一步提升本市劳动者的创业能力,市人力资源和社会保障局从1998年开始正式启动创业培训工作,通过引进社会创业培训机构,扶持和帮助有创业愿望并具备一定创业条件的人员成功创办企业和扩大经营规模,提升其创业技能和经营管理能力。同时,符合条件的劳动者参加创业培训可享受培训费用政府全额补贴,并在参加创业培训期间,享受一次与创业项目相关的岗位技能培训的费用补贴。

适用对象:具有本市户籍,在法定劳动年龄段内,具有初中及以上文化程度,有创业意向的失业、协保人员、农村富余劳动力、高等院校毕业学年学生以及未开业的在职人员,可申请参加政府补贴的创业培训。

受理机构:区县开业指导服务部门、区县职业介绍部门。

政策依据:《关于进一步完善本市创业培训工作的意见》(沪劳保技发 [2007] 49号)。

咨询渠道:上海创业公共服务信息网 (http://www.12333sh.gov.cn/cyfw/) 或拨打12333咨询电话。

创同学:

这样的培训是全免费吗?

叶老师:

是的,全部由政府出资。

青年创业能力培训

青年创业能力培训是一个政府补贴的培训项目。该项目主要通过开业申办、市场营销、客户服务、财务和人员管理以及开业政策等方面的理论知识学习和操作技能训练,使培训对象能够坚定创业信念,掌握创业基本知识技能,提高抗风险能力和实际操作能力,在较短时间内实现微小型企业的创业。

适用对象:具有本市户籍的失业人员、协保人员、农村富余劳动力、高等院校毕业学年学生以及未开业的在职人员。

受理机构:上海市青年技术培训中心(汉中路188号一楼)。

政策依据:《关于进一步完善本市创业培训工作的意见》(沪劳保技发[2007]49号)。

咨询渠道:上海市青少年活动中心网站(http://www.shqzx.com)。

创同学:

这种培训我们可以参加吗?

叶老师:

当然可以,只要你是年满18岁的创业者。

叶老师又介绍到海纳百创APP,告诉同学们,关于政府的创业培训信息,在这个APP中都能查到,另外还可以查到上海各区的创业指导中心和培训机构。叶老师还告诉同学们,在创业过程中大家遇到了困难和问题可以通过以下渠道进行咨询或寻求帮助。

开业指导专家志愿服务

项目简介:为帮助有志创业者成功创业,2000年5月,市委宣传部、市劳动和社会保障局和市文明办联合发起,组建成立了上海市开业指导专家志愿服务团。专家志愿服务团共有近600位来自本市各行业领域的企业家、职业经理人、专业技术人员等,通过"门诊式、会诊式、上门指导、一帮一结对子、网上咨询"和举办专家讲座等形式，免费为创业者提供开业策划、法律法规、企业管理等18个方面的咨询、指导和服务。

　　适用对象：意向创业者和已创业者。

　　受理机构：上海市创业指导专家志愿服务团各区县分团。

　　政策依据：《上海市人民政府关于进一步做好本市促进创业带动就业工作的若干意见》（沪府发［2009］1号）。

　　咨询渠道：上海创业公共服务信息网（http://www.12333sh.gov.cn/cyfw/index.shtml）。

创同学：

我们要享受这项指导服务是找到市里还是区里？

叶老师：

这项指导服务落地在区里，专家顾问都是各区所属。

中小企业专家咨询服务

　　项目简介：2005年11月28日，由上海市促进中小企业发展协调办公室牵头，上海中小企业综合服务事务所具体负责，组织成立了"上海市中小企业专家咨询团"。专家成员来自各行各业，由上海市16家相关委办局的行政业务人员和23家中介服务机构、法律界人士组成。专家咨询团实行一年一聘的形式。咨询服务内容多种多样，基本涵盖企业整个生命周期，主要包括财税金融、工商管理、融资担保、科技创新、企业外贸、劳动保障、企业管理、创业开业、知识产权、职工科技、检测服务、法律咨询、改制上市等。中小企业专家咨询团以网上咨询为主，在"上海市中小企业服务互动平台"网站设立有各个服务栏目。栏目设立以来，企业咨询积极，效果良好。

　　适用对象：本市及全国中小企业。

　　受理机构：上海市中小企业综合服务事务所。

　　咨询渠道：上海市中小企业服务互动平台网站（http://www.ssme.gov.cn）。

创同学：

这个平台对我们有什么帮助？

叶老师：

该平台能提供的咨询很全面，包含有创业服务、信息服务、技术创新和质量服务、市场开拓服务、投融资服务、人才与培训服务等。

上海青年创业服务平台

项目简介：为改善创业服务资源与创业青年需求信息不对称的问题，2008年1月，共青团上海市委员会开发建设了上海青年创业服务平台，平台以打造上海青年创业服务链为核心，不断吸纳、整合社会各方创业信息资源，并运用智能化系统进行分析、筛选和利用，力争为创业青年提供"一门式、全天候、个性化"的服务。目前，上海青年创业服务平台提供的信息涵盖创业培训、创业场地、创业资金、创业项目、中介服务、咨询辅导、学习交流、创业导师、创业典型等众多内容，并且创业青年通过上海青年创业服务平台及下属各青年创业咨询点可以得到创业信息资源的智能化检索查询、创业潜力测试和创业建议书指导等三项服务。

适用对象：全市青年。

受理机构：上海青年创业服务平台。

政策依据：《上海市人民政府关于进一步做好本市促进创业带动就业工作的若干意见》（沪府发 [2009] 1号）。

咨询渠道：拨打12333咨询电话。

创同学：

这个平台好像是全方位的服务吧？

叶老师：

是的，是针对创业过程的各个方面提供全方位的服务。

三、参加创业比赛

两年多的创业实践，上海市商贸旅游学校的创业孵化器已经有七支创业团队基本成熟，为了给大家更多的锻炼机会，创主任又向同学们介绍了一系列的创业比赛活动。

"挑战杯——彩虹人生"全国职业学校创新创效创业大赛

大赛是由共青团中央、教育部、人社部、中国科协、全国学联共同主办。是目前大学、中职在校学生创新创业的最高级别的比赛。

上海市"互联网+"大学生创新创业大赛

由上海市教委、市人社局、市经信委等主办的上海市"互联网+"大学生创新创业大赛，大赛的获奖项目可以获得最高5万元的创业奖励，优秀项目还有机会获得"天使基金"的公益资助，包括30万元免息贷款和最高50万元的股权投资。

这项大赛特别设置了中职组，给予中等职业学校的创业学生展示自己创业项目的机会。

上海创新创业大赛

上海创新创业大赛以"创业在上海"为主题，整合创新创业要素，搭建为科技型中小企业服务的平台，引导更广泛的社会资源支持创新创业，促进科技型中小企业创新发展。

上海创业计划大赛

主题为"携手创业路共圆人生梦"的上海创业计划大赛，主办单位为上海市就业促进中心。凡是有创业构想、计划在本市创业的社会各界人士，或在本市注册登记18个月内（以营业执照为准）的小微企业，均可报名参加。

来看看同学们的参赛成绩吧：

1. 2016年8月，美术专业学生王孟琳、杨思嘉组成的"慧手站"小队荣获"挑战杯——彩虹人生"全国职业学校创新创效创业大赛决赛全国一等奖。

2. 2016年9月1日，米印一站式宣传片创意工坊团队的学生创业者站在了建行杯上海市"互联网+"大学生创新创业大赛的决赛场上，获得中职组的最高分，夺得大赛一等奖。慧眼识金众筹、海创咖啡、五彩缤纷沪上旅游、聚优厨、纪念日获得优秀项目奖。

3. 在上海大学生"商贸杯"创业大赛中米印一站式宣传片创意工坊、五彩缤纷沪上旅游项目获一等奖，海洋之心创意工作室获二等奖。

 练习与检测

请你说说上海职业学校学生创业可以得到哪些培训服务？